Discovery EDUCATION
맛있는 과학

디스커버리 에듀케이션
맛있는 과학 – 37 지각과 암석

1판 1쇄 발행 | 2012. 5. 29.
1판 7쇄 발행 | 2019. 8. 27.

발행처 김영사
발행인 고세규
등록번호 제 406-2003-036호
등록일자 1979. 5. 17.
주소 경기도 파주시 문발로 197(우·10881)
전화 마케팅부 031-955-3100 편집부 031-955-3113~20
팩스 031-955-3111

Photo copyright ⓒ Discovery Education, 2011
Korean copyright ⓒ Gimm-Young Publishers, Inc., Discovery Education Korea Funnybooks, 2012

값은 표지에 있습니다.
ISBN 978-89-349-5625-9 64400
ISBN 978-89-349-5254-1 (세트)

좋은 독자가 좋은 책을 만듭니다.
김영사는 독자 여러분의 의견에 항상 귀 기울이고 있습니다.
독자의견전화 031-955-3139
전자우편 book@gimmyoung.com
홈페이지 www.gimmyoungjr.com | 어린이들의 책놀이터 cafe.naver.com/gimmyoungjr

---

어린이제품 안전특별법에 의한 표시사항
제품명 도서 제조년월일 2019년 8월 27일 제조사명 김영사 주소 10881 경기도 파주시 문발로 197
전화번호 031-955-3100 제조국명 대한민국 ⚠ 주의 책 모서리에 찍히거나 책장에 베이지 않게 조심하세요.

최고의 어린이 과학 콘텐츠
디스커버리 에듀케이션 정식 계약판!

Discovery EDUCATION
맛있는 과학

37 | 지각과 암석

정효진 글 | 황은혜 그림 | 류지윤 외 감수

주니어김영사

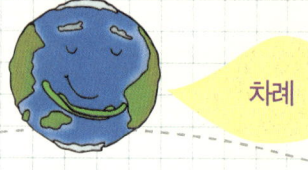 차례

1. 지구의 내부

지각 8

　TIP 요건 몰랐지? 모호로비치치불연속면 12

맨틀 14

핵 16

　Q&A 꼭 알고 넘어가자! 20

2. 지구 조사하기

시추법 24

　TIP 요건 몰랐지? 가장 단단한 광물, 다이아몬드 28

화산분출물 조사 방법 29

　TIP 요건 몰랐지? 화산분출물의 종류 32

지진파 분석 33

　TIP 요건 몰랐지? 지진파의 종류 35

　Q&A 꼭 알고 넘어가자! 36

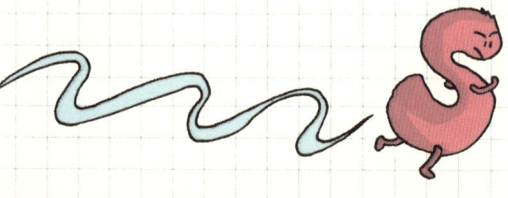

3. 지구를 이루는 물질

지각의 구성 원소 40

광물 41

> **TIP** 요건 몰랐지? 바보들의 금 51

암석 52

> **Q&A** 꼭 알고 넘어가자! 58

4. 지각 변동

지층 62

지질구조 65

> **TIP** 요건 몰랐지? 이탈리아의 세라피스 사원 69

조륙운동과 조산운동 70

> **TIP** 요건 몰랐지? 암모나이트 73
>
> **Q&A** 꼭 알고 넘어가자! 74

5. 대륙의 이동

움직이는 지각 78

베게너의 대륙이동설 84

> **TIP** 요건 몰랐지? 대륙 사이에 육교가 있다고요? 88

판구조론과 지질 현상 89

그 외 대륙 이동에 대한 가설 91

> **Q&A** 꼭 알고 넘어가자! 94

관련 교과
초등 4학년 2학기 2. 지층과 화석, 4. 화산과 지진
초등 5학년 2학기 4. 화산과 암석
중학교 1학년 2. 분자의 운동
중학교 2학년 6. 지구의 모양과 크기

1. 지구의 내부

지금 우리는 우주를 여행하는 시대에 살고 있습니다. 그런데 거꾸로 지구의 내부를 여행할 수 있다면 어디까지 갈 수 있을까요? 지구 내부는 무엇으로 이루어져 있을까요? 우리가 밟고 있는 땅 밑에는 과연 무엇이 있을까요? 지구의 내부는 어떻게 생겼는지 지금부터 함께 알아봅시다.

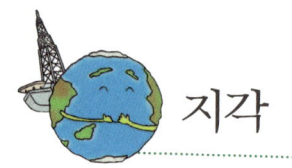 지각

지구의 구조

우리가 살고 있는 지구는 마치 달걀 반숙과 같습니다. 지구를 반으로 뚝 자른 모습이 반숙한 달걀을 반으로 자른 모습과 비슷하거든요. 지구는 맨 겉에서부터 지각, 맨틀, 핵으로 이루어졌습니다. 지각은 단단한 달걀 껍데기, 맨틀은 달걀 흰자위, 핵은 노른자위와 비슷하지요. 핵은 다시 외핵과 내핵으로 나눌 수 있는데, 가장 중심에 있는 것을 내핵이라고 합니다. 외핵

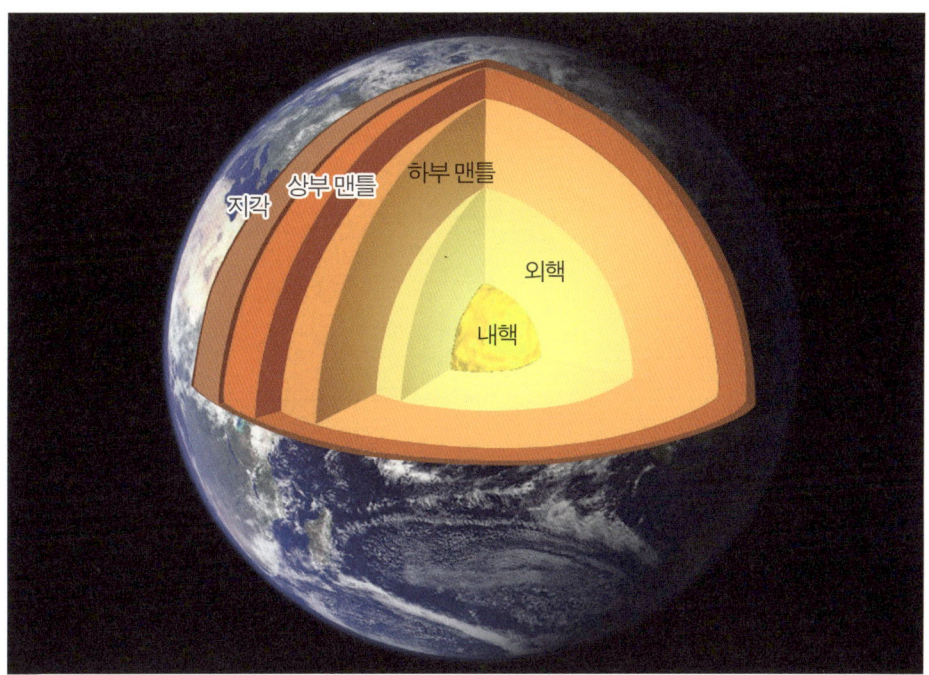

지구 내부의 구조. 지구는 크게 지각, 맨틀, 핵으로 이루어져 있다.
ⓒ CharlesC@the Wikimedia Commons

이 내핵을 에워싸고 있는 구조이지요. 내핵은 딱딱한 고체, 외핵은 액체 상태입니다.

지각의 특징

지각은 지구 겉을 둘러싼 딱딱한 부분으로, 대부분 암석과 바위 조각들이 풍화작용에 의해 부서져서 만들어진 모래나 흙으로 이루어졌습니다. 지구 내부의 여러 층 가운데 제일 얇지요. 지각의 평균 두께는 대륙 35㎞, 바다 6㎞ 정도입니다. 대륙과 바다를 따로 나누어 재는 이유는 지각도 핵처럼 대륙지각과 해양지각으로 나눌 수 있기 때문이에요.

풍화작용

암석이 햇빛이나 물, 생물 등에 의해 작게 부서져서 흙으로 변하는 과정을 말합니다.

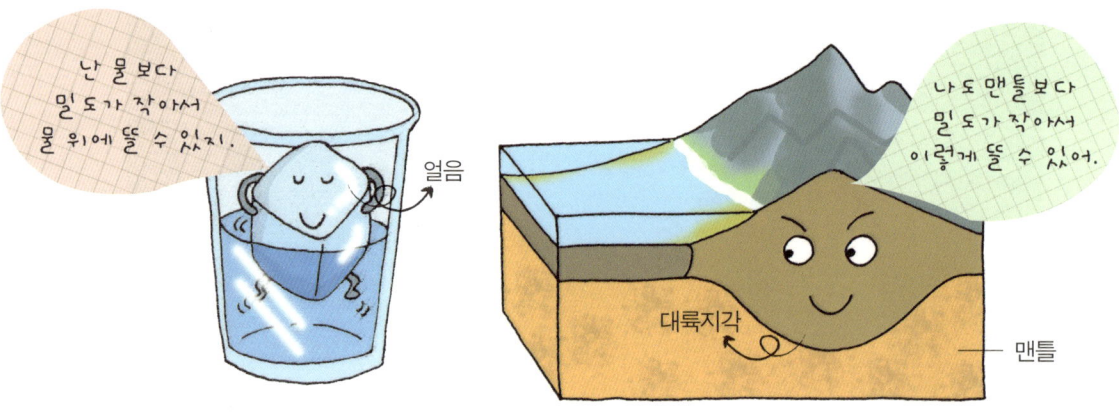

대륙지각과 해양지각

보통 대륙지각이 내륙지각보다 더 두껍습니다. 또 대륙지각 가운데 높은 산맥의 지각이 평지의 지각보다 더 두껍습니다. 땅 위로 높이 솟은 산맥일수록 지각이 더 두꺼워요. 밀도가 작은 지각이 밀도가 큰 맨틀 위에 떠 있기 때문입니다.

밀도는 부피의 단위당 물질의 질량을 나타내는 값입니다. 부피가 일정한 물건이 있을 때, 물체의 밀도가 클수록 그 물체의 질량은 크다고 할 수 있지요. 컵에 얼음을 넣었을 때 작은 얼음을 넣으면 물속에 잠긴 부분과 위로 솟은 부분이 모두 작고, 큰 얼음을 넣으면 위로 솟은 부분과 물속에 잠긴 부분이 모두 크지요? 지각도 마찬가지입니다. 땅이 위로 높이 솟을수록 아래로도 깊이 잠기므로 솟아오른 대륙지각이 평평한 해양지각보다 두껍습니다.

이 두께 차이를 알려 주는 것이 바로 지진파입니다. 지진파는 지진에 의해 발생하는 진동의 움직임을 말해요. 밀도가 다른 지각과 맨틀은 지진파가 전달되는 시간이 다릅니다. 그 차이를 비교하여 지각의 두께를 알 수 있어요.

지각을 이루는 암석들

땅 밑 6km의 깊이까지 내려가 보면 대부분 화강암질 암석이 보일 거예요. 화강암질 암석은 마그마가 땅속 깊은 곳에서 천천히 식어 생깁니다. 광물의 결정체가 매우 커서 눈으로도 흰색, 검은색, 분홍색, 투명한 색 등 결정을 뚜렷하게 볼 수 있습니다. 대륙이나 큰 섬의 땅속은 대부분 단단하고 색깔이 밝은 화강암질 암석으로 이루어져 있어요. 이에 반해 해양지각은 밀도가 높고 색깔이 어두운 현무암질 암석으로 이루어져 있습니다.

화강암은 땅의 기초를 이루는 중요한 암석으로, 규소(Si)나 알루미늄(Al) 등이 많이 포함되어 있습니다. 화강암질 암석은 거의 절반이 산소, 전체의 약 3분의 1은 규소가 차지한답니다. 그 외에 알루미늄, 철, 나트륨, 칼륨, 칼슘 등도 포함되어 있습니다. 암석 속에 포함된 산소는 다른 원소와 결합하여 여러 가지 화합물을 만드는데, 규소와 산소가 결합한 '규산(H_4SiO_4)'을 가장 많이 만들어요. 화강암질 암석이 전체적으로 밝은색을 띠는 것도 규산이 많이 포함되어 있기 때문입니다.

광물
자연적으로 생기며, 성분이나 특성이 일정한 물질을 말해요. 철, 은, 금 등이 우리가 잘 알고 있는 광물입니다.

대륙지각을 이루는 화강암질 암석은 단단해서 집을 짓는 데 쓰이기도 해.

모호로비치치불연속면

지각과 맨틀의 경계에는 모호로비치치불연속면이라는 부분이 있습니다. 모호면이라고도 불리는 이 부분은 어떻게 발견되었을까요?

모호로비치치불연속면을 발견한 사람은 유고슬라비아의 지구물리학자인 안드리야 모호로비치치입니다. 지진파 연구에 관심이 많았던 모호로비치치는 여러 장소에서 지진파를 관측하다가 지구의 내부로 전달되는 지진파에 속도 차이가 있다는 사실을 깨달았지요. 측정 결과 지하 약 50㎞ 부근에서 지진파의 속도가 빨라졌던 거예요. 이 사실을 바탕으로 지각 아래에 성분이 다른 불연속면이 있다는 가설을 세운 후, 속도가 변하는 경계선의 윗부분을 지각, 아랫부분을 맨틀이라고 구분했습니다. 지각과 맨틀을 구분하는 이 경계를 모호로비치치불연속면이라고 불렀어요.

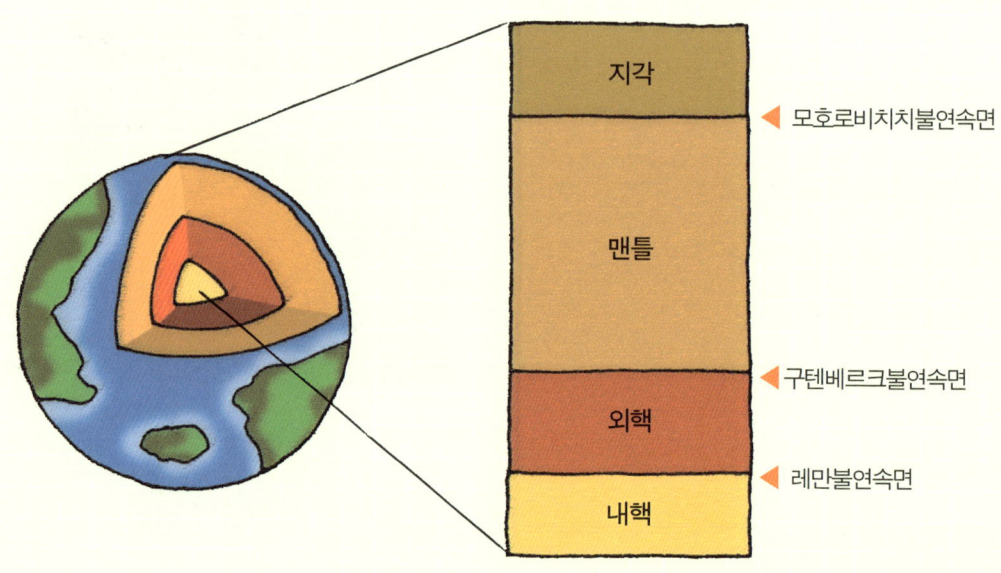

이후 더 많은 연구를 통해 모호로비치치불연속면은 땅에서 평균 지하 35km, 해양에서 평균 지하 5km의 위치에 있음이 밝혀졌습니다.

이 밖에도 불연속면은 두 가지가 더 있습니다. 구텐베르크불연속면과 레만불연속면입니다. 구텐베르크불연속면은 고체인 맨틀과 액체인 외핵의 경계면을 가리킵니다. 독일에서 태어난 미국의 지진학자 구텐베르크와 독일의 지진학자 비헤르트 등이 연구하여 이 면의 깊이가 2,900km라는 것을 밝혀냈습니다.

레만불연속면은 내핵과 외핵의 경계면을 말합니다. 1936년 여성 지진학자 레만은 뉴질랜드의 어느 지방의 지진 기록을 분석하여 또 하나의 불연속면을 발견했는데, 이를 레만불연속면이라고 칭했습니다. 레만불연속면의 위를 외핵, 그 아래를 내핵이라고 합니다.

만약 이들의 연구가 없었다면 우리는 땅속에 어떤 세계가 있을지 여전히 궁금했겠지요.

내 발견이 없었다면 아마 아직도 땅속 모양을 알 수 없을걸? 에헴.

모호로비치치

지진파의 속도가 바뀌면 물질의 성질이 바뀌었다는 뜻이지.

구텐베르크

우리는 지진파의 변화로 불연속면을 찾아냈어.

레만

# 맨틀

맨틀은 지하 약 35km의 모호로비치치불연속면에서 지하 약 2,900km의 구텐베르크불연속면까지를 이르는 말입니다. 삶은 달걀에 흰자위가 많듯이 맨틀도 지구 내부 전체에서 가장 많은 부분을 차지하지요.

맨틀의 구조

철과 마그네슘이 풍부한 암석인 맨틀은 상부와 하부로 나눌 수 있습니다. 상부는 단단한 고체이지만, 하부는 이리저리 흔들리는 유동성 고체예요. 유동성 고체란 젤리나 두부처럼 흔들거리거나 흐를 수 있는 고체를 말합니다. 만약 지구 내부의 에너지를 받아 하부 맨틀이 움직이면 덩달아 상부 맨틀이 쪼개지거나 산맥이 생깁니다. 또 맨틀의 구성 물질이 마그마를 따라 땅 위까지 올라오기도 해요.

맨틀과 지진

혹시 여러분은 큰 지진이 일어났던 곳들을 기억하나요? 우리나라와 가까운 일본, 남아메리카 대륙, 인도네시아 등에서 자주 큰 지진이 일어납니다. 지진은 모두 맨틀과 관련이 있습니다. 가장 심한 지진은 지각 아래 650㎞ 지점에서 발생하거든요. 그렇다면 땅 밑 1,000㎞ 이상의 지점에서는 왜 지진이 일어나지 않을까요? 이에 대해서는 몇 가지 이론이 있습니다.

첫째, 650㎞ 아래쪽은 위쪽보다 무거운 암석으로 이루어져 있고, 650㎞까지 가라앉은 판은 더 이상 내려가지 않기 때문에 지진도 650㎞ 안쪽에서만 일어난다는 이론입니다. 이는 맨틀이 650㎞를 경계로 서로 다른 물질로 이루어졌다는 사실을 뜻합니다.

둘째, 판이 650㎞를 지나 더 깊이 가라앉으면 매우 높은 온도와 압력 때문에 지진이 일어나지 않는다는 이론입니다. 맨틀은 650㎞ 깊이를 기준으로 위아래가 모두 같은 원소로 이루어졌지만, 지구 내부로 들어갈수록 온도와 압력이 높아서 원소들의 결합 방식이 변한다는 것입니다. 결합 방식이 바뀌면 물질의 성질도 달라지겠지요?

이와 같이 지진과 무척 연관이 깊은 맨틀을 잘 알아 둔다면 지진으로 생기는 자연재해를 예방하는 데에 큰 도움이 됩니다.

판
유동성 고체 위에 떠다니는 조각 하나를 판이라고 합니다. 판은 지각과 상부 맨틀 일부로 이루어졌지요.

 핵

종파와 횡파

파동이 나아가는 방향과, 파동을 옮겨 주는 매개물의 방향이 나란할 때 이러한 파동을 종파라고 부릅니다. 이와 달리 파동 방향과 매개물의 방향이 수직일 때에는 횡파라고 부릅니다.

푸른 바다와 검은 흙으로만 이루어진 줄 알았던 지구가 실은 여러 층으로 이루어졌다는 사실이 무척 신기하지요? 그중에서도 지구의 가장 안쪽에 있는 핵은 어떻게 발견되었을까요?

핵은 땅 밑 2,900km부터 5,100km의 외핵과 5,100km부터 6,400km의 내핵으로 나뉩니다. 땅 위의 한 지점에서 지진이 일어났을 때 세계 여러 지역에 도착하는 지진파를 관측한 결과, 지구 중심에서 볼 때 지진이 일어난 장소에서 1만 1,000km 이상 멀어지면 지진파의 종파나 횡파가 잘 전달되지 않는 곳이 있다는 사실을 발견하였습니다. 과학자들은 지진파가 깊이 2,900km 지점의 경계에서 휘는 것을 보고 맨틀 아래에 어떤 다른 물질이 있음을 알아챘습니다. 그리고 그 부분을 핵이라고 하였지요. 약한 종파가 도착하는 것을 통해서는 외핵 안쪽에 고체로 된 내핵이 있다는 사실도 알아냈습니다.

외핵

외핵은 핵의 바깥쪽에 높은 온도의 액체 상태로 존재합니다. 온도가 높아서 금속 물질이 녹아 있지요. 외핵이 액체 상태인 줄 어떻게 알았을까요? 외핵 부분에 이르러 횡파를 전달하지 못하고, 종파의 속도도 느려지는 점으로 미루어 액체 상태이리라 생각했습니다. 종파는 고체, 액체, 기체를 모두 통과할 수 있지만 횡파는 액체나 기체는 통과할 수가 없거든요. 외핵이 이렇게 매우 높은 온도의 액체 상태로 계속 있을 수 있는 이유는 맨틀이나 지각이 핵의 덮개 역할을 하기 때문입니다.

외핵의 주성분은 철입니다. 종파를 전달하는 속도나, 지구 내부의 고온에서 녹아야 한다는 점을 생각해 보면 외핵을 이루는 주성분이 철이라는 사실은 매우 적절해 보입니다. 하지만 외핵이 철로만 이루어져 있지는 않습니다. 실험한 결과, 우리가 알고 있는 철보다 지구 외핵의 철 무게가 더 무거웠거든요. 과학자들은 외핵에 철 말고도 다른 물질이 섞여 있으리라 추측했고, 지구에 떨어진 운석을 조사해 그 물질이 무엇인지 알아봤습니다. 그 결과 운석에 철 말고도 니켈이 포함되어 있었어요. 이 사실을 바탕으로 과학자들은 핵이 철과 니켈로 구성되었으리라 추측한답니다. 이 철과 니켈은 지구의 자기장을 만들어 내는 원인이기도 해요.

니켈

니켈은 동전의 원료로 쓰이는, 광택이 강한 은백색 금속이에요. 재미있게도 악마 혹은 귀신이라는 뜻의 독일어를 따서 지은 이름이랍니다.

자기장

자석의 밀고 당기는 힘이 미치는 공간을 말합니다. 자석의 주위, 전류의 주위, 지구의 표면 등이 자기장의 대표적 예입니다.

종파와 횡파가 어떻게 전달되는지에 따라 물질의 상태를 구분할 수 있어.

내핵

내핵은 외핵의 안쪽에 있습니다. 외핵과 달리 고체 상태이지요. 내핵 부근에 이르러 종파의 속도가 갑자기 증가하는 것을 보고 내핵이 고체 상태

녹는점

고체가 액체 상태로 바뀌는 온도를 말합니다. 같은 물질이라도 압력에 따라 녹는점도 변합니다.

라는 사실을 알게 되었습니다.

내핵은 지각, 맨틀, 외핵 가운데 온도와 압력이 가장 높습니다. 외핵과 내핵의 경계는 외핵의 표면 온도보다 800℃ 이상 높으리라 예상할 수 있어요. 태양의 표면 온도가 대략 6,000℃인데, 내핵의 온도는 바로 태양의 표면 온도와 비슷하답니다. 우리가 상상할 수 없을 만큼 뜨거운 온도입니다.

내핵 또한 외핵처럼 철과 니켈로 구성되어 있습니다. 이와 같이 내핵과 외핵은 성분이 똑같고 온도는 외핵보다 내핵이 더 뜨거운데, 왜 외핵은 액체 상태이고 내핵은 고체 상태일까요? 외핵은 철과 니켈의 녹는점보다 온도가 높기 때문에 액체 상태입니다. 그렇다면 내핵도 액체 상태로 있어야

태양의 표면 온도는 약 6,000℃인데 이는 내핵의 온도와 비슷하다.

하지 않을까요?

물질의 녹는점은 온도뿐만 아니라 압력의 영향도 받습니다. 보통 압력이 높을수록 녹는점도 높아지지요. 내핵은 외핵보다 온도가 더 높지만 압력도 높기 때문에 철과 니켈을 녹일 수 없습니다. 이런 이유로 내핵은 액체가 아닌 고체 상태로 남습니다. 내핵의 압력이 높은 이유는 무거운 지구가 중심을 향해 누르고 있는 힘 때문입니다.

문제 1 우리가 살고 있는 지구의 내부 구조는 어떻게 나뉘어 있는지, 그리고 특징은 어떤지 설명해 보세요.

문제 2 과학자들은 어떻게 대륙지각이 해양지각보다 두껍다는 사실을 밝혀냈을까요?

3. 고체지붕은 지진파의 길이 2,900km 지점에서 하면 걷인 것을 아래에 다른 맨틀이 있다는 사실을 알게 되었습니다. 그 속력은 핵에서 이르러 풍움없이 감소하지가, 온도 상승하기도 만들에 대해서 해이 액체 상태인 것을 이해할 수 있게 나타나 있습니다. 깨달았어요. 핵에서 진동하지 못하고 움직임 능력이 생겨서 액체 상태, 종파의 속도가 갑자기 중기함을 통해서 깨에 고체 상태인 사실을 밝혀냈습니다.

4. 명왕성 지구내부는 아니라 안쪽의 용해이 우주 안쪽으로 녹아가 솟아오릅니다. 또한 논돈의 녹아으로 녹아가 솟아옵니다. 이 때문에 내부에 온도와 숨도가 더 크게 상승합니다. 내부에 압력이 높아져 인해 은결해지 더 두꺼워지고, 그 결과 풍의 분포가 다릅니다. 두꺼운 수 있는 다릅니다. 입증습니다.

문제 3 지구의 가장 안쪽에는 핵이 자리하고 있습니다. 핵이 있다는 사실을 어떻게 알아냈을까요?

문제 4 외핵과 내핵을 구성하는 물질은 성분이 같아요. 그런데 왜 외핵은 액체 상태이고, 내핵은 고체 상태일까요?

정답

1. 지구는 깊이 내려갈수록 지진파의 속도가 빨라집니다. 맨틀, 핵을 이루고 있는 암석이나 물질, 지진파가 대륙지각과 해양지각을 통과할 수 있는 것처럼 맨틀과 핵도 통과할 수 있습니다. 또 핵의 외핵에 이르러서는 횡파는 통과할 수 없고, 종파만 통과할 수 있습니다. 대륙지각은 해양지각보다 지진파의 속도가 더 느려집니다. 그래서 지진이 일어나면 지진파의 속도로 대륙지각, 해양지각, 맨틀, 핵의 외핵과 내핵 등을 알 수 있는 상태예요.

2. 해양지각보다 대륙지각의 속에 핵이 있다는 것을 알게 되었습니다. 지진계에는 지진의 의해 발생하는 움직임을 기록합니다. 이 지진파가 도달하는 시간으로 지구의 속에 핵이 있을 수 있어요. 멀리서 다른 지각이 움직임을 감지합니다. 이 지진파가 도달하는 시간의 대륙지각, 지진이 시작하여 피코피하고 멀쩡이 움직이고 있는 지진파로는 지진파의 속에 대해서 대체적으로, 해양 지각의 속에 핵이 될 수 있어요.

관련 교과
초등 4학년 2학기 4. 지진과 화산
중학교 1학년 5. 지각의 물질과 변화

2. 지구 조사하기

우리는 지구에 대해 얼마나 알까요? 지구의 적도 반지름은 6,378㎞ 입니다. 그러나 인간이 가장 깊게 판 땅은 고작 12㎞ 정도가 전부입니다. 그것도 20년 동안 판 결과입니다. 이처럼 지구를 조사하는 일은 무척 어려워요. 하지만 다행히도 지구 내부를 조사할 수 있는 방법을 여러 가지 찾아냈답니다. 지금부터 그 방법에 대해 자세히 알아보아요.

시추법

직접 땅에 구멍을 뚫고 조사하는 방법을 시추법이라고 한다.

시추법이란 무엇인가요?

만약 땅을 열심히 파 내려간다면 우리는 지구 내부를 눈으로 직접 볼 수 있을까요? 실제로 러시아는 세계에서 가장 오래된 지각 가운데 하나인 콜라 반도에 구멍을 뚫는 작업을 시도했습니다. 콜라 반도에서 오래된 지각의 암석을 채집하거나 조사하여 지구가 어떻게 성장했는지 밝히려고 했어요. 이처럼 직접 땅속 깊이 구멍을 뚫어 내부 물질을 채취하고 연구하는 방법을 시추법이라고 합니다. 직접 땅으로 들어가 암석을 채취하기 때문에 지구 내부의 물질을 정확하게 알 수 있어요. 그 밖에도 시추법은 석유나 광석, 지하수, 온천 등을 채취할 때 쓰입니다.

시추법의 한계

그러나 시추법으로 지구 내부를 알아보는 데에는 어려움이 있습니다. 땅을 깊게 파고 들어갈수록 온도와 압력이 높아져서 뚫을 수 있는 깊이에 한계가 있기 때문이에요. 지금껏 인간이 가장 깊게 판 땅이 12㎞ 정도라는 사실만 보아도 이 일이 얼마나 어려운지 짐작할 수 있습니다. 또한 비용도 매우 많이 들기 때문에 깊은 곳의 암석을 연구하는 데에는 적절하지 않아요.

현대는 지구에서 수십억 킬로미터 떨어진 행성의 정보도 알 수 있을 만큼 과학이 발달한 시대입니다. 그럼에도 겨우 12㎞밖에 땅을 팔 수 없는 이유는 무엇일까요? 땅을 100m씩 파고 들어갈 때마다 온도가 약 3℃씩 높아지기 때문입니다. 아마 맨틀 아래쪽은 상상할 수 없을 만큼 높은 온도일 것입니다. 이렇게 온도가 높아지면 금속으로 만들어진 기계의 끝이 녹아 더 이상 구멍을 뚫을 수 없게 됩니다. 이런 시추법의 한계 때문에 과학자들은 다른 방법을 연구했습니다.

시추선이 바다를 탐사하고 있다.

해저를 시추해요

과학자들은 지각을 팔 수 있는 다른 방법은 무엇이 있을까 고민하다가 해저를 시추하기로 했지요. 해양지각이 대륙지각보다 훨씬 얇기 때문에 더 쉽게 땅을 팔 수 있으리라 생각했어요. 현재 특수 장비를 갖춘 배를 만들어 바다 밑의 지각에 구멍을 뚫는 계획이 진행되고 있습니다. 그러나 바다에서는 육지만큼 구멍을 깊게 팔 수 없습니다. 과학자들은 지난 수십 년 동안 시추 계획을 세우고 시추선을 만들었지만 지금껏 해저 3km 정도밖에 파지 못했어요.

2007년 9월 21일, 사람들의 큰 기대를 한 몸에 받은 시추선이 있었습니다. 일본의 시추선 '지큐호'

해저

바다의 밑바닥을 해저라고 말합니다. 지구 표면의 70%를 차지합니다.

예요. 지큐는 지구의 일본어 발음이지요. 길이는 축구장의 두 배만 하고 높이는 30층 건물만 한 지큐호는 7~10km 깊이까지 시추할 수 있게 만들어졌어요. 또한 지큐호는 이전 시추선의 문제점을 보완하여 다이아몬드로 만든 날을 단 드릴과 특수 시스템을 사용합니다. 해양지각은 두께가 얇아서 위치만 잘 잡으면 맨틀에 도착할 수 있으리라 예상하고 있어요. 현재의 계획대로라면 머지않아 맨틀에 닿을 수 있을 거예요.

일본의 시추선 지큐호.
ⓒ Gleam@the Wikimedia Commons

 요건 몰랐지?

가장 단단한 광물, 다이아몬드

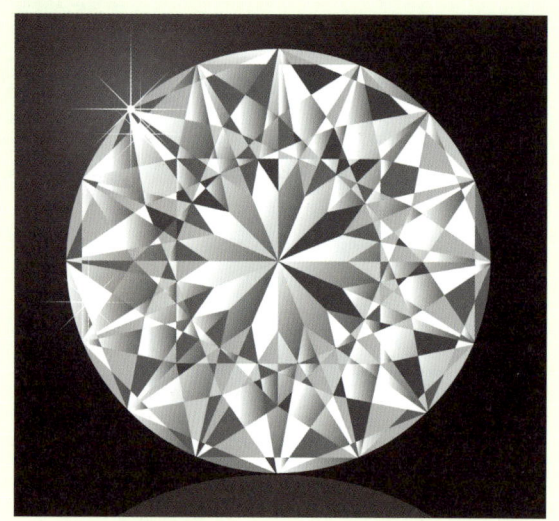

다이아몬드는 킴벌라이트라는 암석 속에 들어 있다.

다이아몬드는 반짝반짝 빛이 나는 아름다운 보석입니다. 무척 아름다워서 장식물로 많이 쓰이지요. 천연 광물 중 제일 단단하기 때문에 시추할 때에도 쓰이는 드릴의 날 부분에도 이용됩니다. 가장 단단한 다이아몬드는 아무리 단단한 암반도 갈아낼 수 있습니다.

이처럼 여러모로 쓰이는 다이아몬드는 어떻게 생겨났을까요?

다이아몬드는 킴벌라이트라는 특이한 암석 속에 포함되어 있습니다. 킴벌라이트는 다이아몬드가 만들어질 수 있는 6만 기압 이상인 곳, 130km보다 더 깊은 곳에서 생성된 마그마에서 만들어졌지요. 이렇게 30억 년 전 지구 깊숙한 곳에서 생겨났다가 화산이 분출할 때 땅 위로 솟아올라 우리가 캐낼 수 있습니다. 다이아몬드가 많이 묻혀 있는 킴벌라이트가 분포한 지역은 주로 러시아, 남아프리카 등입니다.

 화산분출물 조사 방법

 화산이 폭발할 때 터져 나오는 용암, 가스, 수증기 따위를 통틀어 화산분출물이라고 합니다. 그런데 마그마와 용암의 차이점은 무엇일까요? 암석이 녹은 것은 마그마라고 불러요. 이 마그마가 화산의 분화구에서 나오면 이름을 바꾸어 용암이라고 부른답니다. 마그마는 지하 깊은 곳에서 생기기 때문에 아직 뚜렷한 성분을 알 수 없습니다. 대신 용암이 굳어서 생긴 암석으로 어느 정도나마 조사할 수 있어요.

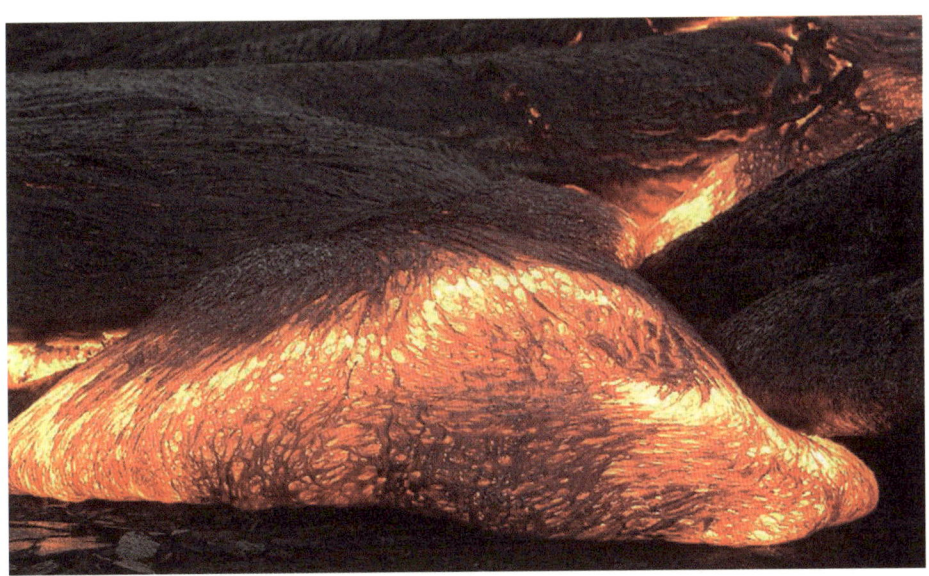
화산이 폭발해서 용암이 흐르고 있다.

화산재는 땅속에 있던 마그마가 대기 중으로 분출한 파편들 중에서 아주 작은 조각으로 굳은 것을 말합니다. 보통 4㎜보다 작아요. 화산재가 나온 양을 합하면 분화가 시작되기 전의 마그마 양을 짐작할 수 있습니다. 시커 멓게 하늘을 뒤덮는 화산재를 보면, 엄청나게 많은 양의 마그마가 땅속 어딘가에 저장되어 있었다는 사실을 알 수 있지요.

마그마를 한곳에 모으면 가로, 세로 길이가 각각 수백 미터나 되는 커다란 그릇에 가득 채우고도 남을 만큼 엄청난 양이 될 것입니다. 분화를 일으

분화하는 화산. ⓒ David Karna@the Wikimedia Commons

키는 화산 밑에 마그마 저장 장소가 있으리라 예상하고 있는데, 여러 가지 사실을 바탕으로 수 킬로미터 떨어진 지하라고 추측할 수 있어요. 땅속 아주 깊은 곳에서 올라온 마그마는 잠시 한곳에 모여 새로운 마그마가 그곳까지 올라오기를 기다립니다. 이때 너무 오래 기다리다가는 모여 있던 마그마가 식어서 굳어 버려요. 그러나 대부분 식어서 굳기 전에 새로운 마그마가 잇달아 올라오지요. 그래서 마그마가 한 장소에 가득 차면, 마침내 지면으로 올라가는 통로를 만들어 폭발을 일으킵니다.

마그마가 올라오면서 식어서 굳은 암석이나, 분출되어서 생긴 암석들을 조사하여 지구의 내부 상태를 추측할 수 있습니다.

화산분출물의 종류

화산이 분화하여 땅 밖으로 나온 물질을 모두 칭해 부르는 말이 화산분출물입니다. 이 화산분출물에는 어떠한 것들이 있는지 좀 더 자세히 알아봅시다.

화산이 분화할 때 하늘 위로 뿜어져 나오는 가스를 화산가스라고 합니다. 하와이 화산의 분출물을 분석한 결과, 화산가스에는 수증기 70%, 이산화탄소 15%, 질소 5%, 황 5%, 염소나 수소와 같은 것이 조금 포함된 것으로 밝혀졌지요.

용암은 땅속에 있던 마그마가 밖으로 분출되면서 가스를 전부 잃어버린 상태를 말합니다. 밖으로 나온 마그마가 굳은 것 또한 용암이라고 불러요.

화산쇄설물은 화산이 분화할 때 나오는 크고 작은 암석을 말해요. 화산쇄설물은 지름이 16분의 1mm인 것부터 64mm 이상인 것까지, 입자의 크기가 무척 다양합니다.

화산이 분화하면서 분출물이 뿜어져 나오고 있다.

지진파 분석

지구 내부를 조사하는 가장 효과적인 방법은 지진파 분석입니다. 지구 내부로 퍼져 나가는 파동인 지진파를 이용하면 직접 땅을 파지 않아도 지구 내부에 대해 알 수 있어요.

지진이 일어나면 주위로 전해지는 지진파는 파동을 전달하는 물질에 따라 단단한 것이나 부드러운 것에 닿으면 반사되거나 굴절됩니다. 핵을 찾아낼 때도 지진파의 이런 성질을 이용했었지요.

반사

일정한 방향으로 나아가던 파동이 다른 물체의 표면에 부딪혀 되돌아가는 현상을 말해요.

굴절

파동이 다른 물체를 통과할 때 경계 면에서 진행 방향이 바뀌는 현상을 말해요.

P파와 S파

핵을 찾아낼 때 중요한 역할을 했던 지진파 두 가지를 기억하나요? 바로 종파와 횡파예요. 종파는 파동이 진행되는 모습이 곧게 펼쳐진 고속도로와 같습니다. 고속도로처럼 앞으로 쭉 나아가므로 속도가 무척 빠르겠지요. 그래서 '최초의'라는 뜻을 가진 primary의 첫 글자를 따 P파라고도 합니다. 횡파는 구불구불한 모양으로 나아가기 때문에 P파 다음으로 도착합니다. 그래서 '두 번째'라는 뜻을 가진 secondary의 첫 글자를 따 S파라고 해요.

P파는 고체, 액체, 기체 상태를 모두 통과하지만, S파는 딱딱한 고체만

통과할 수 있습니다. 지구 내부에 고체가 아닌 부분이 있다면 S파는 통과할 수 없습니다. 따라서 S파는 액체 상태인 외핵을 통과할 수 없어요.

이렇게 지진파를 분석해 보면 지구 내부 구조는 지각, 맨틀, 외핵, 내핵으로 나뉩니다. 지구가 층을 이루고 있는 까닭은 막 생성되었을 때 지구 전체가 뜨거운 열에 녹아서 액체 상태였는데, 이때 무거운 물질은 가라앉고 가벼운 물질은 위로 떠올랐기 때문입니다.

지진은 수십, 수백 킬로미터 깊은 곳에서 발생하더라도 도시 전체를 뒤흔들거나, 지구 내부의 깊숙한 곳 또는 지구 반대편까지도 그 에너지를 전달할 만큼 엄청난 힘이 있습니다. 이러한 지진파가 지구 내부의 여러 층의 경계를 지날 때 내부의 구조와 구성 물질을 추정할 수 있도록 해 준답니다.

지진파의 종류

지금까지 우리가 공부한 지진파는 P파와 S파였습니다. 하지만 이 두 가지가 지진파의 전부는 아닙니다. 지진파는 크게 표면파와 실체파로 나눌 수 있습니다. 표면파는 표면을 따라 전달되는 지진파를 말하고, 실체파는 지각 내부를 통과해 전달되는 지진파를 말해요. 우리가 알고 있는 P파와 S파는 이 실체파에 속하는 지진파랍니다. 표면파에는 L파와 R파라고 불리는 지진파가 있어요. P파, S파의 특징과 함께 L파, R파에 대해서도 간략히 알아봅시다.

■ 지진파의 종류

	표면파		실체파	
	L파	R파	P파	S파
속도	약 3km/s	약 3km/s	빠르다 (5~8km/s)	느리다 (3~4km/s)
진동 방향	파동의 진행 방향에 수직	원운동 형태, 모든 방향	파동의 진행 방향과 평행	파동의 진행 방향에 수직
통과 물질	지표면으로 전달	지표면으로 전달	고체, 액체, 기체	고체
피해 크기	크다	가장 크다	작다	크다

문제 1 땅을 파서 지구 내부를 조사하는 방법은 무엇인가요? 또한 이 방법의 특징은 무엇인가요?

문제 2 땅속의 마그마가 폭발하는 원인은 무엇인가요? 마그마가 폭발하는 과정을 설명해 보세요.

3. 지구 내부를 파서 나오는 퇴적물, 시추파를 이용하거나 지진 활동 파시 지구 내부를 알 수 있습니다. 지진이 일어나거나 화산이 폭발했을 때 지진파 파동을 정밀히 관측하여 단단한 것이나 액체 등으로 된 부분이 어디에 있는지 알아냅니다. 이런 방법들이 발전하면서 지구 내부의 비밀이 파헤쳐지고 있습니다.

문제 3 시추법 외에 지구 내부를 조사하는 방법으로 가장 효과적인 방법은 무엇일까요?

정답

1. 지질 학자들은 땅속 내부 물질을 연구하고 싶어합니다. 지질 학자들이 땅속을 연구하기 위해서 시추법을 사용합니다. 시추법은 땅속 깊숙히 구멍을 뚫어 지구 내부를 조사하고 땅속의 암석을 채취하기 때문에 지구 내부를 정확하게 알 수 있어요. 시추법을 통해 그 속에 있는 여러 가지 광물, 온천수, 온천 가스 등을 채취하여 활용하고 있습니다.

2. 큰 종을 울리는 것처럼 땅에 망치로 자극 강한 충격을 주었습니다. 여러 가지 물질이 미치어 볼 수 있기 때문에 땅 속에서 진동이 마치 수 초에서 몇 분까지 계속됩니다. 땅속 진동과 위로 올라오는 속도는 마치마치 다르게 나타납니다. 그리 잘 모았다면 마치마치 가는 시간이 지나면서 그 속을 통해 발굴된 종류를 알 수 있습니다.

관련 교과
초등 4학년 2학기 2. 지층과 화석, 4. 화산과 지진
초등 5학년 2학기 4. 화산과 암석
중학교 1학년 5. 지각의 물질과 변화
           8. 판구조론과 지각 변동

3. 지구를 이루는 물질

지구의 위성 사진을 본 적이 있나요? 멀리에서 지구를 보면 초록색 육지와 파란색 바다 등이 아름답게 빛납니다. 그 색이 무척 신비롭게 보이지요. 그런데 초록색 육지는 무엇으로 이루어져 있을까요? 지금부터 지구를 이루는 지각에 대해서 알아보아요.

지각의 구성 원소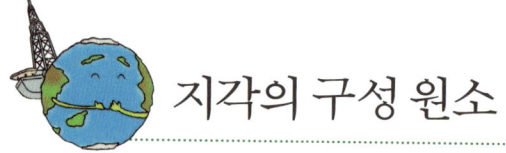

지각은 단단한 암석으로 구성되어 있습니다. 암석은 광물로 구성되어 있는데, 광물은 여러 가지 원소로 이루어져 있지요.

지각의 구성 원소는 산소, 규소, 알루미늄, 철, 칼슘, 나트륨, 칼륨, 마그네슘입니다. 이 여덟 가지 구성 원소를 '지각의 8대 구성 원소'라고 합니다. 8대 구성 원소는 지각 전체의 약 98%를 차지해요.

대부분의 암석은 산소와 규소 성분을 포함하고 있습니다. 산소와 규소가 지각 전체 질량의 70% 이상을 차지하고, 특히 산소는 암석 속에 가장 많이 포함되어 있지요. 공기 중의 산소는 기체 상태로 질소, 이산화탄소 등과 섞여 있지만, 암석 속의 산소는 다른 성분과 결합하여 산화물을 이루고 있습니다. 산화물은 고체 상태의 화합물을 가리킵니다.

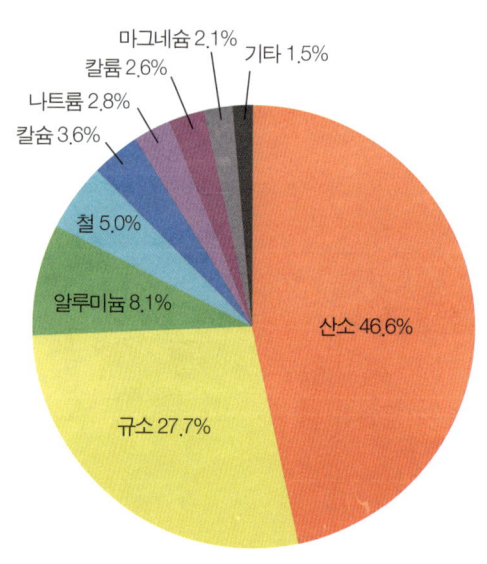

■ 지각의 구성 원소

 # 광물

　광물은 지구의 작용에 의해 여러 가지가 섞여 만들어진 물질로, 지각을 구성하는 물질의 기본 단위입니다. 철이나 금, 은과 같은 것이 바로 광물에 속하는 원소예요. 그 종류만 해도 약 3,800가지 이상입니다. 3,800가지라니, 정말 가지각색의 광물이 있겠지요? 이렇게 수많은 광물 중에는 화학 성분과 내부 구조가 같은 광물이 있습니다. 또한 금강석과 황처럼 한 종류

광물의 종류는 3,800가지 이상으로 저마다 다양한 특징이 있다.
ⓒ Mila Zinkova@the Wikimedia Commons

의 원소로 된 광물이 있는 반면, 몇 가지 종류의 원소가 결합해서 만들어진 광물도 있습니다. 그렇다면 이 광물들을 구별하는 방법으로는 무엇이 있는지 알아볼까요?

색깔로 광물 구별하기

광물을 관찰할 수 있는 가장 쉬운 방법은 색을 관찰하는 것입니다. 광물은 종류에 따라 특유의 색을 띱니다. 광물이 가진 고유한 색을 자색이라고 합니다. 다른 물질이 섞이거나 성질이 달라지면 색이 달라지는데, 이 변화한 색은 타색이라고 해요. 예를 들면, 아무런 색이 없는 수정(석영)에 불순물이 섞이면 보라색 자수정이 됩니다. 이처럼 싯누런 금과 하얗게 빛나는 은을 비교할 때처럼 색으로 광물의 특징을 쉽게 구별할 수 있습니다.

하지만 눈으로는 색을 구별할 수 없는 경우도 있어요. 흑운모, 자철석, 적철석처럼 모두 검은색을 띠거나 금, 황동석, 황철석처럼 모두 금빛을 띠는 광물은 겉보기 색으로만 광물을 분류하기 어렵습니다. 그럴 때에는 조흔판에 나타난 조흔색을 이용하여 광물을 구분합니다.

조흔색이란 무엇일까요? 흙을 빚어 유약을 칠해 구우면 매끄러운 도자기가 만들어집니다. 하지만 유약을 칠하지 않고 한 번만 구우면 거친 표면의 조흔판이 만들어져요. 이 조흔판에 광물을 긁어서 생

유약

도자기의 몸에 덧씌우는 약입니다. 유약은 도자기에 액체나 기체가 스며들지 못하게 해 주며, 겉면에 광택을 내 주기도 합니다. 다른 말로 잿물이라고도 해요.

조흔

초벌구이를 한 자기를 광물로 긁어내거나 갈아서 낸 줄 자국을 말합니다. 자국의 빛깔이 긁은 광물의 종류에 따라 다른 점을 이용해 광물을 구별할 수 있어요. 광물 가루의 색깔은 광물의 형태와 광택에 상관없이 광물에 따라 항상 일정한 색깔을 나타냅니다. 이런 광물 가루 색깔을 조흔색이라고 하고, 초벌구이만 마친 표면이 거칠고 하얀 도자기판을 조흔판이라고 합니다.

기는 광물 가루의 색을 조흔색이라고 합니다. 대부분의 광물은 조흔색과 겉보기 색이 같지만, 종종 조흔색과 겉보기 색이 다른 경우도 있습니다. 이런 특징 때문에 광물이 나타내는 특유의 색으로 광물을 구별하는 데 조흔색이 활용됩니다.

광물의 색은 원자 때문에 바뀌기도 합니다. 우리가 잘 알고 있는 루비와 사파이어는 강옥이라는 똑같은 광물이지요. 하지만 원자 구성이 달라서 서로 다른 색을 띠어 이름이 달라졌습니다. 녹주석도 같은 경우입니다. 아콰마린과 에메랄드는 같은 녹주석이지만, 원자 구성이 달라서 색도 다릅니다. 이처럼 똑같은 광물인데도 겉으로 드러나는 색만 봤을 때엔 다른 광물이라고 착각할 수 있어요. 이때 조흔색은 겉보기 색과는 다르게 언제나 일정하므로 광물을 구분하는 기준이 됩니다. 일반적으로 금속광물은 짙고 어두운 조흔색을, 비금속광물은 옅고 밝은 조흔색을 지녔습니다.

만약 광물이 조흔판보다 더 단단하다면 조흔판에 긁어도 흔적이 남지 않습니다. 그럴 때에는 광물을 가루로 만든 다음 색을 확인하면 됩니다.

루비(왼쪽)와 사파이어(오른쪽)는 강옥이라는 같은 광물이지만 원자 구성이 달라 다른 색을 띤다.
ⓒ Rob Lavinsky@the Wikimedia Commons

모양(결정형)으로 광물 구별하기

단번에 눈에 들어오는 색을 관찰했으니 이제 모양도 살펴볼까요?

자연 상태에서의 광물은 저마다 규칙적인 결정 모양을 가지고 있습니다. 결정은 광물을 이루는 원자나 이온, 분자가 일정한 법칙에 따라 규칙적인 면으로 둘러싸인 물체를 말합니다. 이러한 결정 모양은 광물의 성질에 따라 다르므로 광물을 구별할 수 있는 중요한 단서가 될 수 있어요.

결정을 둘러싼 평탄한 겉면을 결정면이라고 합니다. 두 면이 만나서 생긴 직선을 모서리라고 하고요. 세 개 또는 그 이상의 모서리가 만나면 하나의 점이 만들어지는데 이를 꼭짓점이라고 부릅니다. 결정면, 모서리, 꼭짓점은 결정을 이루는 3요소입니다. 이 3요소를 다 갖춘 결정으로 광물을 구별할 수 있어요.

레온하르트 오일러
Leonhard Euler, 1707~1783

오일러는 스위스의 학자예요. 광물과 관련된 오일러의 법칙을 발견했습니다. 그는 수학·천문학·물리학뿐만 아니라 의학·식물학·화학 등 많은 분야에서 활동했습니다.

석영은 육각기둥, 흑운모는 얇은 육각 판, 황철석은 정육면체, 금강석은 팔면체, 방해석은 기울어진 육면체 모양을 하고 있지요.

스위스의 수학자이자 물리학자인 오일러는 결정의 규칙성과 관련된 법칙을 발견했습니다. '오일러의 법칙'이라 불리는 이 규칙의 공식은 아래와 같습니다.

결정면의 수 + 꼭짓점의 수 = 모서리의 수 + 2

예를 들어 정육면체 모양의 황철석은 면의 수가 여섯 개, 꼭짓점의 수가 여덟 개, 모서리의 수가 열두 개입니다. 6+8=12+2가 되지요. 위의 공식에 대입해 보면 오일러의 법칙이 그대로 성립됩니다.

쪼개짐과 깨짐으로 광물 구별하기

양파 껍질을 벗겨 본 적이 있나요? 양파는 여러 겹의 껍질로 싸여 있기 때문에 껍질을 벗기면 안에 또 똑같은 껍질이 나옵니다. 이처럼 광물에 힘을 가했을 때 양파 껍질처럼 일정한 형태가 나오는 성질을 '쪼개짐'이라고 합니다.

그런데 사탕을 깨뜨리면 어떻게 되나요? 대개 사탕은 규칙적인 모양 없이 산산조각이 납니다. 이렇게 불규칙한 모양으로 부서지는 성질을 '깨짐'이라고 합니다.

그렇다면 어떤 광물이 쪼개지고 어떤 광물이 깨질까요? 쪼개짐과 깨짐의 차이는 광물을 구성하는 원자들의 결합에 비밀이 있습니다. 쪼개지는 광물의 원자는 결을 이루는 방향의 원자끼리 결합해 있고, 깨지는 광물은 원자들이 여기저기에서 비슷한 힘으로 결합해 있습니다. 그래서 쪼개짐은 결합하는 힘이 약한 결을 따라 쪼개지는 현상이고, 깨짐은 결합하는 힘이 모든 방향으로 비슷해서 불규칙하게 깨지는 현상입니다.

광물은 원자 결합에 따라 쪼개지기도, 깨지기도 한다.
ⓒ Rob Lavinsky@the Wikimedia Commons

쪼개지는 광물로는 흑운모, 방해석, 방연석 등이 있어요. 흑운모는 얇은 판 모양, 방해석은 기울어진 육면체 모양, 방연석은 반듯한 육면체 모양으로 쪼개집니다. 반면 석영이나 흑요석은 일정한 모양 없이 깨지는 광물입니다.

프리드리히 모스
Friedrich Mohs, 1773~1839

독일의 광물학자였던 모스는 광물의 굳기 기준과 측정법을 확립했습니다. 이를 모스굳기계라고 해요. 이 모스굳기계는 지금까지도 광물의 크기를 측정하는 데 쓰이고 있습니다.

굳기로 광물 구별하기

광물의 단단하고 무른 정도를 '굳기'라고 합니다. 광물의 굳기는 광물을 구성하는 알갱이(원자)들이 얼마큼의 간격으로 놓여 있느냐에 따라 결정되는 광물의 성질입니다. 그러므로 어떤 알갱이가 얼마큼 간격을 두고 놓였느냐에 따라서 광물의 굳기에 차이가 생깁니다.

독일의 광물학자인 모스는 어떤 광물이 더 단단한지 연구했습니다. 대표적인 광물 열 개를 골라서 광물끼리 긁어 보았어요. 이때 긁히는 쪽 광물이 더 무르겠지요. 모스는 광물을 긁고 나서 굳기 정도에 따라 1부터 10까지 등급을 매겼습니다. 이 등급을 '모스굳기계'라고 합니다.

표를 보면 광물마다 숫자가 붙어 있지요? 이 숫자는 단단한 정도가 아니

■ **모스굳기계**

굳기	1	2	3	4	5	6	7	8	9	10
속도	활석	석고	방해석	형석	인회석	정장석	석영	황옥	강옥	금강석
일반 물질의 굳기		손톱 (2.5)	동전 (3)		못 (4.5)	유리 (5.5)	조흔판 (6.5)			

금강석

강옥

라 단단한 순서를 나타냅니다. 예를 들어, 굳기 3이 방해석이고 굳기 1이 활석이라고 해서 방해석이 활석보다 세 배 더 단단하다는 뜻은 아닙니다. 방해석이 굳기 1인 활석이나 굳기 2인 석고보다는 단단하다는 표시일 뿐입니다. 그러면 가장 단단해서 굳기 10이 된 금강석(다이아몬드)은 어떻게 쪼갤까요? 금강석보다 더 단단한 광물이 발견되지 않았기 때문에, 금강석은 다른 금강석을 사용해야만 쪼갤 수 있습니다.

모스굳기계는 처음 발표된 때부터 지금까지 광물의 굳기를 비교하는 방법으로 유용하게 쓰이고 있습니다.

조암광물로 광물 구별하기

무더운 여름, 팥빙수 한 그릇으로 더위를 식혀 본 경험이 있을 거예요. 시원한 얼음을 갈아 넣고, 그 위에 이것저것 얹은 다음 마지막으로 달콤한 팥을 듬뿍 올리지요. 재료가 많으면 더 맛있는 팥빙수가 되겠지만 얼음, 팥,

우유와 시럽 같은 기본 재료만 있어도 팥빙수를 만들 수 있습니다. 암석에도 암석을 구성하는 주된 광물이 몇몇 있습니다. 이 광물을 조암광물이라고 하지요. 현재 발견한 광물은 약 3,800종이지만 이 중 조암광물은 장석, 석영, 흑운모, 각섬석, 휘석, 감람석 등 수십 종입니다. 그중에서도 장석이 가장 많은 부피를 차지해요.

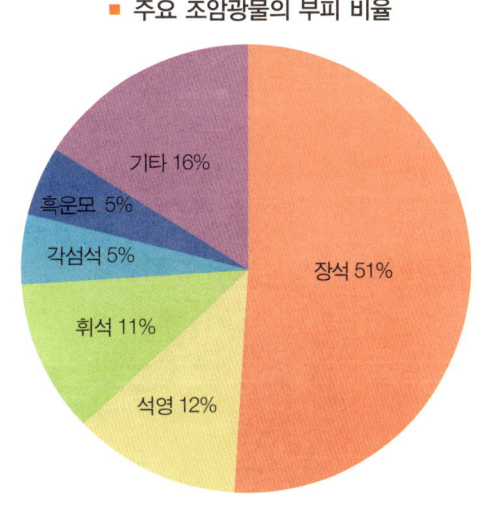

조암광물은 규소와 산소를 많이 포함하는 규산염광물입니다. 지각과 맨틀의 구성 성분에 산소와 규소가 많이 포함되어 있기 때문이에요. 장석은 흰색이나 분홍색을 띠고, 흑운모는 어두운 갈색이나 녹색을 띱니다. 철과 마그네슘이 많이 포함될수록 어두운색을 띤답니다.

그 밖에 광물을 구별하는 방법

지금까지 알아본 방법 말고도 광물을 구별하는 방법은 더 있습니다. 쇠붙이를 끌어당기는 자성을 지닌 광물이 있는데, 이러한 자성 역시 광물을 구별하는 방법 가운데 하나입니다.

또 염산과의 반응으로도 광물을 구별할 수 있답니다. 염산을 떨어뜨렸을 때 이산화탄소가 생기는 광물을 탄산염광물이라고 합니다. 방해석이 대표적인 탄산염 광물입니다. 방해석은 칼슘, 탄소, 산소의 화합물인 탄산칼슘으로 이루어졌고, 묽은 염산과 반응하면 거품이 생깁니다. 가끔 대리석으

산화

산화란 어떤 물질이 산소와 결합하는 현상, 혹은 어떤 물질에서 수소가 떨어져 나가는 현상을 말합니다.

로 만든 조각상이 산성비를 맞아 녹는 현상을 볼 수 있어요. 방해석이 석회암이나 대리석의 구성 성분이기 때문에 나타나는 현상입니다.

또 쇠붙이가 녹슨다거나 진흙을 구워 도자기를 만드는 것은 산소와 결합하면 성질이 변하는 산화 광물의 특성 때문에 일어나는 현상입니다. 그 밖에 광물의 종류에 따라 달라지는 밀도 차이를 이용해 광물을 구별하기도 합니다.

바보들의 금

 광물의 겉보기 색이 같다고 해서 다 같은 광물은 아닙니다. 겉보기 색과 조흔색이 다른 경우도 있기 때문이지요. 예를 들면 흑운모는 겉보기에 검은색을 띠고 있지만 조흔색은 흰색이에요. 그러므로 겉보기 색이 같은 경우에는 조흔색으로 판단해 광물을 구별할 수 있습니다. 금과 황철석을 예로 들어 볼까요.
 황철석은 철과 황을 주성분으로 하는 광물을 말합니다. 금과 황철석은 겉보기에 색이 비슷해 보이지만, 조흔판에 긁어 보면 색이 달라요. 금은 연한 금색이고 황철석은 검은색이지요. 이 둘은 겉보기 색이 무척 비슷해서 오래전부터 황철석을 금으로 착각하는 경우가 많았습니다. 그래서 황철석을 '바보들의 금'이라고 부르기도 한답니다.

철과 황을 주성분으로 하는 광물 황철석. 금으로 착각하는 경우가 많다. ⓒ Rob Lavinsky@the Wikimedia Commons

 암석

우리가 알고 있는 돌은 암석과 광물을 통틀어서 부르는 말입니다. 하지만 광물과 암석은 엄연히 다른 물질이에요. 어떤 점이 어떻게 다를까요?

앞에서 공부했듯이 광물은 다른 광물과 구별할 수 있는 특징이 있습니다. 그러나 암석은 알갱이 크기가 같거나 무늬가 같으면 이름을 똑같이 붙여요. 암석은 생성되는 과정에 따라 화성암, 퇴적암, 변성암으로 구분한답니다.

화성암

마그마가 식어서 굳은 암석을 화성암이라고 부릅니다. 화산이 분출할 때 마그마가 땅 위나 그 부근에서 급하게 식으면 화산암이 되고, 땅속 깊은 곳에서 천천히 식어 굳으면 심성암이 됩니다.

화산암과 심성암은 광물을 이루는 알갱이 크기와 암석의 색깔에 따라 여러 가지로 분류됩니다. 암석에 포함된 광물의 종류에 따라 밝은색, 어두운색 광물로 구분해요. 또 마그마가 식는 속도에 따라 알갱이의 크기에도 차이가 생깁니다.

화산암은 마그마가 공기와 닿아 급하게 식어서 굳기 때문에 눈에 보이지 않을 만큼 작은 알갱이로 이루어졌어요. 1mm 이하의 작은 결정으로 이루어진 화산암으로는 현무암, 유문암, 안산암이 있습니다. 현무암은 어두

화성암은 마그마가 식어서 굳은 암석이다. ⓒ Zureks@the Wikimedia Commons

운색 광물을 많이 포함하고 있어서 색깔이 검고, 마그마에 들어 있던 화산가스가 급하게 식어 빠져나갔기 때문에 구멍이 많습니다. 유문암은 겉면에 흘러내리는 무늬가 있는 화산암, 안산암은 안데스 산맥에서 많이 발견되는 화산암이랍니다.

심성암은 마그마가 지하 깊은 곳에서 서서히 식으므로 결정이 성장할 시간이 충분합니다. 그래서 알갱이가 5㎜ 이상 되는 비교적 큰 크기이지요. 심성암으로는 화강암, 섬록암, 반려암이 있습니다. 화강암은 색이 밝고 화려해서 축대나 비석으로 많이 쓰여요.

축대
흙더미가 무너지는 것을 막기 위해 쌓는 벽을 말해요. 큰 돌을 이용해 만드는 돌 축대가 일반적입니다.

퇴적암
흙, 모래, 자갈 같은 퇴적물이 바다나 호수 밑에 쌓인 후 단단히 굳어져서

■ 화성암 구분

결정 크기 \ 색깔	어둡다 ←————————————————→ 밝다		
화산암 (1mm 이하)	현무암	안산암	유문암
심성암 (5mm 이상)	반려암	섬록암	화강암

생긴 암석을 퇴적암이라고 합니다. 물이 흐르며 지표면을 깎은 뒤 그 물질을 운반해서 물 밑에 쌓아 놓은 것을 퇴적물이라고 해요. 물의 흐름이 느려진 큰 강, 호수, 바다 밑에는 이러한 퇴적물이 계속 쌓이게 됩니다.

샌드위치 만드는 방법을 떠올려 보면 퇴적암을 좀 더 잘 이해할 수 있습니다. 샌드위치를 만들려면 먼저 식빵을 놓고 햄, 양상추, 치즈, 토마토 등을 올립니다. 그리고 다시 똑같은 식빵을 얹은 다음 눌러 주면 재료가 차곡차곡 쌓인 샌드위치가 완성됩니다.

아, 퇴적암에서 화석이 많이 발견되는구나.

퇴적암도 마찬가지입니다. 퇴적물이 오랫동안 쌓이면서 압력을 받으면

■ 퇴적물에 따른 퇴적암 구분

	입자의 크기에 따라			퇴적물의 종류에 따라		
퇴적암	역암	사암	셰일	응회암	석회암	암염
퇴적물	자갈 모래 진흙	모래	진흙	화산재	석회질 물질	소금

인도 카르나타카의 퇴적암. ⓒ Pratheepps@the Wikimedia Commons

차곡차곡 쌓인 모습이 꼭 샌드위치 같네.

퇴적암이 됩니다.

  퇴적암에는 흙이나 모래, 자갈 등이 쌓이면서 줄무늬가 생기는데 이를 층리라고 해요. 또 오랜 시간에 걸쳐 암석이 되다 보니 과거에 살았던 생물의 유해가 발견되기도 합니다. 그래서 다른 암석들보다 퇴적암에서 화석이 더 많이 발견됩니다.

  퇴적암은 입자의 크기에 따라 자갈·모래·진흙으로 이루어진 역암, 모래로 이루어진 사암, 진흙으로 이루어진 셰일이 있습니다. 또 퇴적물의 종류에 따라 화산재가 쌓여 굳은 응회암, 석회질 물질이 물속에 가라앉아 만들어진 석회암, 소금이 바다에 가라앉으면서 만들어진 암염이 있습니다.

변성암

  화성암이나 퇴적암이 오랫동안 높은 열이나 압력을 받아서 원래의 성질

편마암. 셰일이 압력을 받아서 변하면 편마암이 된다. ⓒ Siim@the Wikimedia Commons

이나 조직이 변한 암석을 변성암이라고 합니다.

셰일의 경우 압력을 받으면 알갱이들이 점점 길쭉한 모양으로 성장하게 됩니다. 이를 편리라고 해요. 변화 과정이 계속되면 어두운색 광물과 밝은색 광물이 번갈아 생기며 굵은 줄무늬를 띱니다. 이를 편마 구조라 하고, 편마 구조를 가진 암석을 편마암이라고 해요.

편마 구조는 어두운색 광물을 포함한 암석에서 잘 드러납니다. 밝은색 광물을 포함한 암석에서는 편마 구조가 잘 나타나지 않습니다. 또 셰일뿐만 아니라 사암과 석회암도 높은 압력이나 온도의 영향을 받아 변성암이 됩니다. 사암은 규암으로, 석회암은 대리암으로 변하지요.

이처럼 암석은 생성된 이후에도 주변 환경에 따라 다른 종류의 암석으로 변합니다. 그런데 변성암은 변성암을 만든 온도와 압력보다 훨씬 높은 온도와 압력을 받으면 녹아서 다시 마그마로 변할 수 있어요. 이 마그마가 식으면 다시 화성암이 된답니다. 또한 바람과 물이 화성암을 깎아 퇴적물을

■ 암석의 순환

만들고, 그 퇴적물이 굳으면 퇴적암이 되지요. 퇴적암과 화성암은 높은 열과 압력을 받으면 변성암이 됩니다. 이렇게 암석은 계속 모습을 바꾸어요. 이것을 '암석의 순환'이라고 합니다.

문제 1 광물을 겉보기 색으로 구별할 수 없을 때 조흔색을 이용합니다. 조흔색이란 무엇이기에 광물의 색깔을 구별해 주나요?

문제 2 광물이 쪼개지거나 깨지는 모양을 봐도 광물을 구별할 수 있습니다. 광물에 힘을 가했을 때 광물마다 다른 모양으로 부서지는 이유는 무엇일까요?

🙂 **문제 3** 암석에는 화성암, 퇴적암, 변성암이 있습니다. 그중 퇴적암은 어떤 과정을 거쳐 생성되나요?

_____

_____

_____

_____

🙂 **문제 4** 암석은 한 번 만들어진 이후에도 모습을 바꾸곤 합니다. 암석의 순환을 간략히 설명해 보세요.

_____

_____

_____

_____

_____

정답

1. 돌이 부서져 생긴 알갱이나 죽은 생물체 등이 쌓이고 굳어진 것을 퇴적암이라고 합니다. 강이나 바다 밑에 알갱이들이 조금씩 쌓입니다. 이 퇴적물 위에 새로운 알갱이들이 쌓이면 먼저 쌓인 것들이 눌리면서 알갱이 사이의 공간이 줄어들고, 그 속의 물이 빠져나가 서로 엉겨 붙어 퇴적암이 됩니다.

2. 생성될 때와 아는 퇴적암은 열을 받으면 녹아서 액체 상태가 되어 마그마가 됩니다. 퇴적암은 높은 열과 압력을 받으면 변성암이 되고, 변성암이 녹으면 마그마가 됩니다. 마그마는 식어서 화성암이 되고, 화성암은 지표에서 작용하는 여러 요인에 의해 부서져 알갱이들이 되고, 그 알갱이들이 쌓여 퇴적암이 됩니다. 이처럼 암석은 순환합니다.

관련 교과
초등 4학년 2학기 4. 화산과 지진
초등 5학년 2학기 4. 화산과 암석
중학교 1학년 5. 지각의 물질과 변화
　　　　　　 8. 판 구조론과 지각 변동

4. 지각변동

2011년 3월 11일, 일본 후쿠시마에서 큰 지진이 발생했습니다. 땅이 거세게 뒤흔들리고 거대한 해일이 들이닥쳤습니다. 도로와 건물이 부서지고 수많은 사람이 목숨을 잃었지요. 지진이라는 무서운 재해가 일어난 것은 바로 지각변동 때문이었어요. 이렇게 막대한 피해를 입히는 지각변동은 과연 무엇일까요?

 지층

지층이란 무엇인가요?

　해안이나 계곡 또는 도로 주변의 절벽, 멀리 보이는 큰 산의 깎아지른 절벽을 살펴보면 줄무늬 모양을 발견할 수 있습니다. 특히 해안가에는 파도에 깎인 절벽이 여러 줄무늬 모양을 드러내고 있지요. 이 줄무늬는 무엇일까요?

　줄무늬 모양을 자세히 들여다보면 무늬마다 색깔이 조금씩 다릅니다. 또 얇은 모래로 이루어진 줄무늬, 자갈로 이루어진 줄무늬 등 절벽을 이루는

퇴적물이 오랫동안 쌓여 굳은 여러 겹의 퇴적층을 지층이라고 한다.

물질의 종류도 다양하지요. 색과 크기가 다른 알갱이들이 줄지어 쌓여 있기 때문에 절벽이 줄무늬 모양으로 보이는 것입니다. 이처럼 퇴적물이 바다나 호수 밑에 오랫동안 쌓여 굳은 여러 겹의 퇴적층을 지층이라고 합니다.

지층이 만들어진 자연환경

지층을 보면 지층이 생겼을 때의 자연환경이 어땠는지 알 수 있습니다. 지층은 어디에서 생겼는지에 따라 지층을 이루는 암석의 알갱이 크기와 색 등이 다릅니다. 예를 들면 강이나 바다에서 생긴 지층의 자갈은 납작하고 둥근 모양입니다.

각 층을 이루는 퇴적물의 종류와 알갱이의 크기, 걸린 시간에 따라 층의 두께도 달라집니다. 층의 두께는 얇게는 몇 밀리미터에서 두껍게는 수 킬로미터까지 다양하답니다. 두께가 두꺼울수록 오랫동안 퇴적물이 쌓인 층이라는 증거입니다. 층이 쌓이고 다시 새로운 층이 시작될 때는 층리면을 기준으로 층이 나뉩니다. 지층과 지층 사이의 경계면을 층리면이라고 하는데, 이 층리면은 새로운 시간의 시작을 뜻합니다.

바다의 지층을 보면서 지층의 특징을 살펴볼까요? 바다에서 생긴 지층은 자갈, 모래, 점토 등이 따로따로 나뉘어 있습니다. 이유가 무엇일까요? 실험을 통해 그 이유를 쉽게 알 수 있습니다.

먼저 비커를 준비합니다. 비커에 모래, 자갈, 점토와 물을 넣고서 잘 저은 다음 메스실린더에 넣은 후 가라앉을 때까지 기다려요. 그러면 맨 밑에는 알갱이가 크고 무거

지층을 보면 당시의 자연환경을 알 수 있어. 꼭 수수께끼를 푸는 것처럼 말이야.

알갱이가 큰 자갈, 모래, 점토 순으로 해안 근처에 퇴적물이 쌓인다.

운 자갈이, 그다음에는 모래가, 맨 위에는 작고 가벼운 알갱이의 점토가 쌓입니다. 알갱이가 크고 무거운 것이 제일 먼저 가라앉고, 알갱이가 작고 가벼운 것이 가장 늦게 가라앉아 맨 위에 쌓입니다. 먼저 가라앉는 큰 알갱이는 이동 거리도 짧기 때문에 알갱이의 크기가 클수록 해안과 가까운 곳에 쌓입니다.

강과 같은 물줄기를 따라 퇴적 물질이 운반되다가 해안 근처에 이르러 물줄기 속도가 약해지면서 큰 알갱이부터 쌓이게 됩니다. 그래서 해안 근처의 지층은 알갱이의 크기가 큰 자갈이 먼저 쌓이고, 그다음에는 모래, 점토가 순서대로 쌓여요.

그러나 해안에서 거리가 멀어질수록 알갱이의 크기가 작은 것들이 먼저 쌓입니다. 알갱이의 크기가 작아서 가장 많이 이동하기 때문이에요. 해안과 거리가 먼 지층에는 알갱이가 제일 작은 진흙이 가장 먼저 쌓이고, 그 뒤 모래와 자갈이 쌓인답니다.

이와 같이 지층은 알갱이의 크기에 따라 차곡차곡 쌓여서 이루어집니다.

# 지질구조

지층은 퇴적물이 차곡차곡 쌓여서 생깁니다. 그러나 지층이 모두 겹겹이 쌓여 있지는 않습니다. 지각은 한번 생성된 그 상태에서 멈춰 있는 것이 아니라, 긴 세월 동안 천천히 또는 급작스럽게 변합니다. 위 또는 아래로 서서히 움직이거나, 지진 등으로 갑자기 움직이는 등 여러 가지 상태로 변화하지요. 이런 변화를 통해 편평하게 쌓여 있던 지층이 비스듬하게 경사지거나 휘기도 합니다.

지층이 수평 방향으로 미는 힘에 따라 휘는 것을 습곡이라고 한다.
ⓒ Überraschungsbilder@the Wikimedia Commons

습곡

지질구조의 변화에 대한 실험을 하나 해 볼까요? 먼저 찰흙을 준비합니다. 찰흙을 여러 개 쌓아서 지층처럼 만든 다음 양쪽에서 힘을 주어 밉니다. 그러면 찰흙이 휘어 주름이 생겨요. 이렇게 지층이 수평 방향으로 미는 힘에 따라 휘는 것을 습곡이라고 합니다. 위로 휘어 볼록하게 솟아오른 부분을 배사, 아래로 휘어 오목하게 들어간 부분을 향사라고 합니다.

정단층과 역단층

지층이 휘는 현상은 스티로폼을 이용해도 확인해 볼 수 있어요. 스티로폼을 양 손으로 잡고 밀면 찰흙처럼 휩니다. 그러나 계속해서 힘을 가하면 결국 부러지고 말아요. 이런 현상은 단단한 지층도 마찬가지입니다. 힘이 계속 가해져서 지층이 끊어져 어긋난 현상을 단층이라고 합니다. 끊긴 단층면의 위쪽을 상반, 아래쪽을 하반이라고 하고, 상반이 아래로 미끄러져 내려간 단층을 정단층, 상반이 위로 밀려 올라간 단층을 역단층이라고 합

계속 가해지는 힘 때문에 지층이 끊어져 어긋나는 것을 단층이라고 한다.
ⓒ Xhienne@the Wikimedia Commons

니다. 정단층은 양쪽에서 당기는 힘에 의해 끊어져 생긴 지층이고 역단층은 양쪽에서 미는 힘에 의해 끊어져 생긴 지층이에요.

부정합과 기저역암

지층은 끊임없이 퇴적작용을 한다고 생각하기 쉽지만 지각변동이 일어나는 동안에는 퇴적작용을 하기 힘듭니다. 그래서 오랫동안 지각변동이 일어나면 위아래 두 지층 사이에 시간 간격이 생겨요. 이렇게 오래된 지층 위에 새로운 지층이 겹치는 현상을 부정합이라고 합니다.

부정합을 이룬 두 지층의 경계를 부정합면이라고 합니다. 이 부정합 위에 쌓이는 역암층을 기저역암이라고 해요. 기저역암은 어떻게 만들어질까

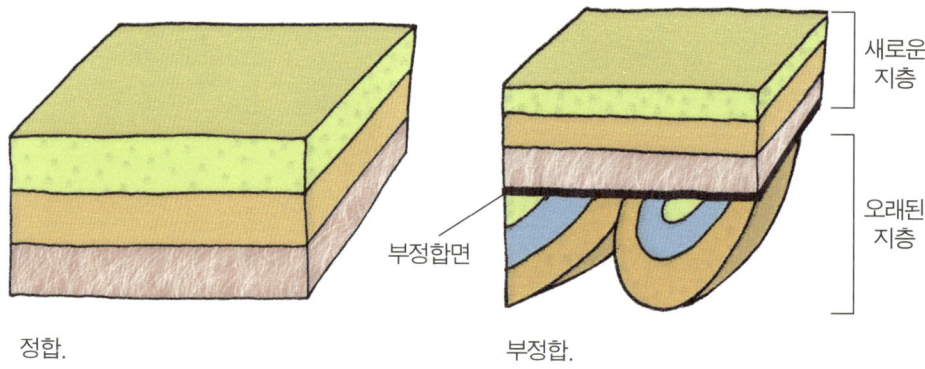

정합.   부정합.

요? 첫 번째로 퇴적된 지층이 지각변동 탓에 압력을 받아 융기해야 합니다. 융기란 땅이 기준면에 대해 상대적으로 높아지는 현상을 말해요. 융기한 뒤에는 풍화작용과 침식작용을 받아 지표가 깎이고, 해수면 아래로 내려가는 침강이 일어나야 합니다. 그러고는 다시 얕은 수심에서 퇴적해야 하지요. 얕은 수심에서 퇴적이 이루어지기 때문에 부정합면 위에는 알갱이가 큰 역암층이 생깁니다. 이 지층을 기저역암이라고 해요.

　이처럼 지층의 변화에는 여러 가지 형태가 있답니다. 지층을 연구하면 당시의 자연환경이 어땠는지 짐작할 수 있습니다.

정합은 지질구조가 아니에요

　한 가지 더 알아 두어야 할 지층은 정합입니다. 정합은 차곡차곡 쌓인 상하 지층입니다. 부정합과 반대되는 개념이지요. 정합은 부정합과 달리 지질구조에 포함되지 않습니다. 습곡, 단층, 부정합은 압력에 의해 지각변동이 있었지만, 정합은 지각변동을 받지 않았기 때문에 지질구조에 속하지 않는답니다.

이탈리아의 세라피스 사원

지각이 침강과 융기를 했다는 사실은 어떻게 알 수 있을까요? 이러한 지각변동의 증거를 눈으로 확실하게 볼 수는 없을까요? 물론 볼 수 있답니다. 이탈리아의 세라피스 사원에는 침강과 융기의 흔적이 또렷하게 남아 있습니다.

세라피스 사원은 이탈리아의 나폴리라는 도시에 있습니다. 이 사원은 세워진 지 얼마 되지 않아서 서서히 침강하기 시작했어요. 그렇게 조금씩 가라앉다가 1,000년 전부터 다시 융기하기 시작했고, 현재는 돌기둥의 밑부분이 물에 잠겨 있습니다. 이 사원이 바닷속에 잠겼다가 융기되었다는 사실이 믿기지 않지요? 그러나 사원의 돌기둥을 보면 그러한 사실을 쉽게 이해할 수 있어요. 돌기둥의 6m 지점까지 천공 조개가 파놓은 구멍과 조개껍질이 발견되기 때문이지요. 이는 돌기둥이 세워진 이후 이 지역이 해수면 아래로 침강한 뒤, 다시 현재 높이로 융기한 증거입니다.

침강과 융기의 흔적이 있는 세라피스 사원.

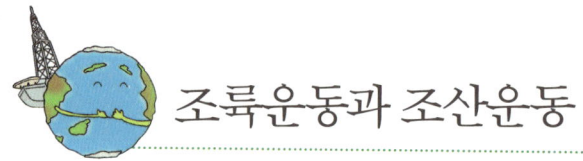

조류운동과 조산운동

U자곡

빙하가 흘러내리면서 침식작용을 일으켜 생긴 계곡으로, 모양이 U자와 같아서 U자곡이라 불러요.

조류운동

지각은 밀도가 큰 맨틀 위에 떠 있는 것과 같습니다. 그래서 맨틀 위에 떠 있는 지각이 균형을 맞추기 위해 넓은 범위에 걸쳐 서서히 진행되는 지층의 상하 운동을 조륙운동이라고 해요.

수조에 물을 담고 그 위에 나무토막 하나를 넣어 보세요. 그러면 나무토막이 물 위로 둥실 떠오릅니다. 그 위에 나무토막을 하나 더 올려놓으면 처음 나무토막은 방금 전보다 훨씬 아래로 가라앉습니다. 나중에 얹은 나무토막을 빼내면 어떻게 될까요? 처음 넣은 나무토막이 위로 올라오겠지요? 지층도 마찬가지입니다. 퇴적물이 쌓여 무거워진 지층이 아래로 가라앉는 현상인 침강은

지층의 조륙운동으로 이루어진 리아스식 해안.
ⓒ Jessica@the Wikimedia Commons

주로 퇴적물이 쌓이는 곳이나 빙하가 두꺼워지는 곳에서 나타납니다. 우리 주위에서도 침강의 흔적을 찾아볼 수 있어요. 육지가 침강하여 해안선이 복잡하게 얽힌 리아스식 해안과 섬이 많은 다도해, U자곡이 침강하여 바닷물이 들어와서 생긴 골짜기인 피오르가 바로 그 흔적입니다.

반대로 부정합에서처럼 무거워진 지층이 빙하가 녹거나 침식작용을 받아서 가벼워지면 위로 떠오르는 현상을 융기라고 합니다. 융기는 풍화 혹은 침식작용이 일어나는 곳이나 대륙의 빙하가 녹는 곳에서 발생해요. 해안단구와 하안단구, 히말라야 산맥에서 발견한 암모나이트 등이 융기의 흔적입니다.

해안단구와 하안단구

파도에 의해 침식된 면이 융기하여 생긴 계단 모양의 지형을 해안단구라고 합니다. 강물에 의해 침식된 면이 융기하여 생긴 계단 모양의 지형은 하안단구라고 합니다.

지층의 조륙운동으로 이루어진 하안단구.
ⓒ Pibwl@the Wikimedia Commons

지층의 조산운동으로 만들어진 안데스 산맥.
ⓒ Marturius@the Wikimedia Commons

조산운동

조산운동은 두껍게 쌓인 퇴적층이 수평 방향으로 압력을 받아서 습곡산맥이 만들어지는 현상입니다. 지구 내부의 에너지를 받아 하부 맨틀이 움직이면서 상부 맨틀과 부딪혀 산맥이 생겨나지요. 해저에서 오래 형성된 두꺼운 퇴적층이 맨틀의 움직임에 따라 다른 대륙과 가까워져서 휘고(습곡), 두 대륙이 충돌하여 휜 퇴적층이 솟아올라(융기) 높은 습곡산맥을 형성하게 됩니다. 히말라야 산맥, 알프스 산맥, 안데스 산맥처럼 세계적으로 크고 높은 산맥 대부분이 습곡산맥입니다.

이런 습곡산맥은 주로 해안가에서 형성되고, 습곡과 역단층 같은 지질구조가 나타나요. 습곡산맥 중심부에는 높은 열과 압력에 의해서 화강암과 변성암이 나타나며, 바다 생물의 화석도 발견됩니다.

암모나이트

먼 과거, 지구의 모습은 어땠을지 상상해 본 적 있나요? 우리는 언제나 지구의 과거를 궁금해합니다. 이러한 궁금증을 풀어 주는 것 중 하나가 바로 화석이에요. 지층을 연구하다 보면 때때로 동물과 식물 화석이 발견되어 당시의 자연환경에 대한 궁금증을 풀어 줍니다. 가장 친숙한 화석은 암모나이트입니다.

암모나이트는 중생대 말 백악기에 멸종한 해양 생물입니다. 오늘날까지 약 1만 종으로 알려졌지요. 크기는 지름이 2㎝인 것부터 2m인 것까지 다양합니다. 지금 존재하는 생물로는 앵무조개가 암모나이트와 가장 연관이 깊다고 판단하고 있습니다. 암모나이트는 빠르게 진화하고 수백만 년 사이에 멸종하였기 때문에 특정 지층의 연대를 측정하는 데에 큰 도움이 됩니다.

암모나이트. ⓒ Djasim@flickr.com

Q&A 꼭 알고 넘어가자!

문제 1 지질학자들은 지층을 보며 당시의 환경이 어땠는지 조사합니다. 어떻게 지층을 통해서 당시의 환경을 알 수 있을까요?

_____
_____
_____
_____

문제 2 차곡차곡 쌓인 지층을 정합이라고 합니다. 그런데 정합은 지질 구조에 포함되지 않아요. 그 이유가 무엇일까요?

_____
_____
_____
_____

> 3. 지각은 끊임 없이 움직이고 있기 때문이에요. 그래서 땅이 솟기도 하고 가라앉기도 해요. 지층이 끊어지기도 하고 휘어지기도 해요. 이렇게 땅이 움직이기 때문에 지층의 모양이 변하게 됩니다. 조산운동과 조륙운동이 있어요. 조산운동은 땅이 솟아올라서 산맥이 되는 것이고, 조륙운동은 지각이 서서히 오르락내리락 하는 거예요.
>
> 움직임이 없다면 지층은 차곡차곡 쌓이기만 하는 정합이에요.

문제 3 조륙운동과 조산운동이란 무엇인가요?

정답

1. 지층들이 지각변동의 영향을 받기 때문입니다. 지층은 아주 미세한 생성속도에 따라서 지층이 이루는 암석 종류나 생성된 시기가 바뀌기 때문입니다. 그러나 지층들은 쌓일 때 수평하게 쌓이고, 지층들의 종류가 이어지지 않거나 수평면과 큰 각을 이루는 경우 등은 해인된 지각변동이 담겨있습니다. 또 한 종류의 암석이 다른 시기에 따라 종류가 변하기도 합니다.

2. 지각운동에 쌓여 있는 지층이 지각운동의 등기 지각적으로 포함되지 않습니다. 슈운, 단층, 부정합은 암 석에 이런 지각변동의 영향과 생성된 시기, 장소들이 없었기 지각변동의 때문에 지질구조에 속하지 많아요.

관련 교과
초등 4학년 2학기 2. 지층과 화석, 4. 화산과 지진
초등 5학년 2학기 4. 화산과 암석
중학교 1학년 5. 지각과 물질의 변화
　　　　　　　8. 판구조론과 지각변동

5. 대륙의 이동

옛날에는 지구가 둥글다는 사실도 쉽게 믿지 않았습니다. 그런데 땅이 천천히 움직인다고 하니, 당시 사람들이 얼마나 놀랐을까요? 과학자들은 이러한 사실을 증명하기 위해 여러 가지 이론을 주장했습니다. 어떻게 해서 이론들을 세웠고, 그 이론들이 어떻게 받아들여졌는지 궁금하지요? 지금부터 알아보아요.

움직이는 지각

냄비에 꽁꽁 언 얼음을 넣고 끓이면 어떻게 될까요? 또 팔팔 끓인 물에 라면을 넣으면 어떻게 될까요? 얼음은 녹아서 액체가 되고, 라면은 면발이 익어 부드럽게 퍼집니다. 용광로에 들어 있는 단단한 철도 뜨겁게 달구면 물러지다가 걸쭉한 액체 형태로 바뀌잖아요. 이처럼 아무리 단단한 물질이라도 온도가 높아지면 부드럽게 물러진답니다. 온도가 훨씬 더 높아지면 단단했던 흔적은 찾아볼 수도 없게 녹아 버리지요. 암석도 마찬가지입니다. 암석은 지구 표면에서는 딱딱한 형태로 존재하지만, 지구의 내부에서는 고온 때문에 녹아내려 결국은 물방울처럼 변해 있을지도 모릅니다.

겉은 단단하지만, 속은 부드러운 지구랍니다.

판구조론

암석은 지구 표면과 가까운 곳에서만 단단하면서도 부서지기 쉬운 성질을 지닙니다. 지구 표면은 지구의 다른 곳에 비해 비교적 온도가 낮기 때문이에요. 암석은 주위 온도가 1,000℃가 넘어서면 부드러워지는데, 이 온도보다 낮은 곳에서는 단단해집니다. 이렇게 단단한 암석권 조각을 판이라고 합니다. 대륙의 판 두께는 20~200㎞ 정도예요.

판은 단단하면서도 부서지기 쉽기 때문에 잘 구부러지지 않습니다. 판을 구부리려고 무리하게 힘을 가하면 오히려 부서져요. 이렇게 힘이 가해져서 일어나는 현상이 바로 지진입니다. 지구의 표면은 이와 같은 판으로 덮여 있으며, 이 판은 몇 개로 나뉘어 연결되어 있습니다. 예를 들면 아시아 대륙을 포함하는 유라시아판, 북아메리카 대륙으로 구성된 북아메리카판, 태평양 밑을 이루고 있는 태평양판 등이 있어요.

이렇듯 지구 표면이 판으로 이루어졌고, 이 판들이 운동하고 있다는 이론을 판구조론이라고 합니다.

판의 이동으로 생긴 히말라야 산맥.

이동하는 판

태평양판은 일본 바다에서 일본 땅 밑으로 점점 깊어지다가 우리나라 동해 밑으로 스며듭니다. 보통 지진은 단단하고 부서지기 쉬운 판에서 일어나지만 예외도 있습니다. 일본 바다 아래에서 러시아의 블라디보스토크 아래까지 지진이 계속 발생되는 이유는 태평양판이 일본 열도 밑으로 가라앉기 때문입니다.

그런데 판은 항상 가라앉기만 하지는 않습니다. '세계의 지붕'이라고 불리는 히말라야 산맥 아래에서는 인도 대륙을 싣고 있는 판이 아시아 대륙의 판 아래로 점점 가라앉습니다. 그러면서 맞닿은 아시아 대륙의 판을 밀어 올리기도 합니다. 이렇게 올라온 판이 히말라야 산맥과 티베트 고원을 이루게 되었습니다. 히말라야 산맥이 높은 이유도 아랫부분에 인도 대륙이 밀어 올린 판이 버티고 있기 때문입니다.

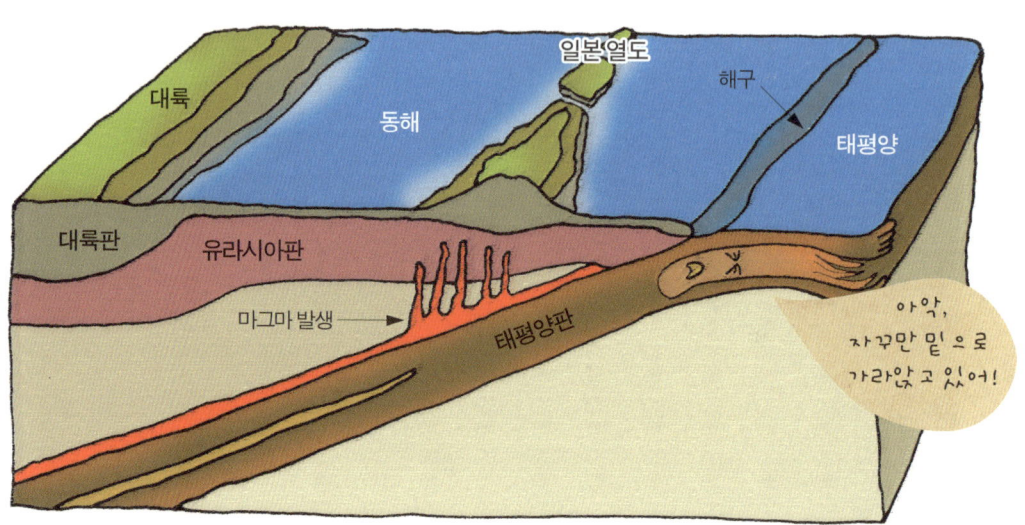

태평양판은 일본 바다에서 일본 열도 밑으로 깊어지다가 우리나라 동해 밑으로 스며든다. 이 때문에 일본 바다 아래에서 러시아 블라디보스토크 아래까지 지진이 계속 발생한다.

판이 움직이고 있다는 사실은 하와이 제도를 보면 잘 알 수 있습니다. 태평양 한가운데 있는 하와이 제도를 바다 밑바닥에서 살펴보면 원뿔처럼 우뚝 솟은 산의 행렬이 늘어서 있습니다. 이 산을 해산이라고 합니다. 높이는 무려 1,000m 이상이며, 현무암으로 이루어진 화산이 많지요. 하와이 제도에서부터 멀리 떨어진 해산일수록 오래전에 생긴 것입니다. 어떻게 알 수 있냐고요? 맨틀 깊은 곳에서 마그마를 솟구치게 하는 지점인 열점이 끊임없이 마그마를 내보내면, 그 위에 있는 판도 조금씩 움직이게 됩니다. 이때 해저에서 생긴 화산과 판이 함께 움직여요. 그리고 굴뚝에서 나는 연기처럼 바다 깊은 곳의 분화구에서 검은 연기가 솟아오릅니다. 열점에서 마그마가 오랫동안 상승하면 그곳을 통과한 판 위에는 계속해서 해산이 생길 거예요. 이 해산들이 하와이 제도에서 생겨나 멀리 옮겨가는 것을 보면 판이 움직인다는 사실을 알 수 있지요.

세계에서 두 번째로 큰 대서양의 중앙이나 동태평양에는 거대한 해저산맥이 뻗어 있습니다. 이는 지하 깊은 곳에서 올라온 엄청난 양의 마그마가 분출되어 굳은 것입니다. 분출된 마그마가 주변의 해저 지형을 밀어 내면서 굳는 일이 되풀이되면 바닷속에는 새로운 해저가 생겨요. 이렇게 해저가 조금씩 확장되고 있다는 주장을 해저확장설이라고 합니다.

판게아

지금은 이렇게 대서양과 동태평양을 나누어서 이야기하지만 수억 년 전에는 대서양이 없었습니다. 그리고 대륙들이 모두 붙어서 하나의 대륙을 이루고 있었습니다. 이 대륙을 판게아라고 합니다. 그러다가 1억 8,000만 년 전인 쥐라기에 두 개로 나뉘었지요. 그때부터 판이 활동을 시작해 오랜

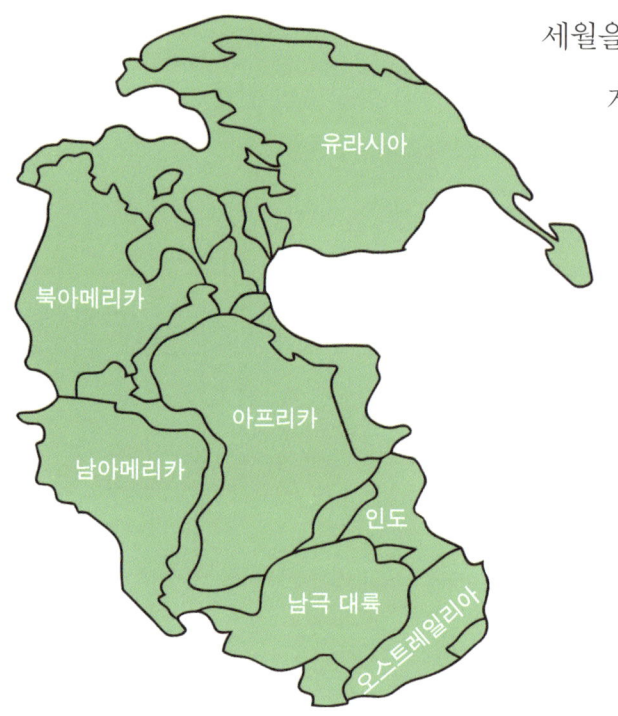

대륙이동설에서는 과거에 한데 뭉쳐 있던 대륙을 판게 아라고 한다. ⓒ en:User:Kieff@the Wikimedia Commons

세월을 거쳐 지금과 같은 대륙을 형성하게 되었답니다. 이 주장을 대륙이동설이라고 합니다. 대륙이동설에 따르면 지금도 대서양, 태평양, 인도양에서 활발한 활동을 계속하고 있으며, 1년에 수 센티미터에서 수십 센티미터 정도씩 판이 커지고 있습니다.

대륙이 이동하는 이유

판들이 어떻게 움직이는지 궁금하지요? 바로 유동성 고체인 맨틀 때문입니다. 판 아래의 맨틀을 이루는 암석은 단단하지 않고 부드러운 상태입니다. 지구의 맨틀은 아주 오랫동안 천천히 흐르기 때문에 액체처럼 보일지 모르지만, 지진파 등으로 살펴보면 확실한 고체입니다. 이처럼 맨틀은 액체와 고체의 성질을 모두 갖고 있지요. 그래서 고체이지만 액체처럼 천천히 흐릅니다.

냄비에 물을 끓일 때 끓는 물을 살펴본 적이 있나요? 냄비의 한가운데는 밑에서 받은 열 때문에 위로 올라오고, 위로 올라온 물은 다시 가장자리로 밀려납니다. 가장자리로 밀려난 물은 다시 아래로 내려가고요. 열을 받아서 뜨거워진 부분은 열팽창이 일어나 가벼워져서 위로 솟아오르고, 반대로

■ 열의 대류

액체처럼 맨틀도 뜨거운 부분은 솟아오르고 차가운 부분은 가라앉는다. 이를 맨틀의 대류라 한다.

열을 잃어 차가워진 부분은 무거워져서 가라앉게 되어 있습니다. 이런 현상을 열의 대류라고 해요. 대류는 기체나 액체에서, 물질이 이동함으로써 열이 전달되는 현상을 말합니다. 지구의 맨틀 역시 아주 느리게 운동하며 액체와 마찬가지로 대류를 일으킵니다. 이러한 현상을 맨틀의 대류라고 합니다. 맨틀의 대류는 뜨거운 물질은 솟아오르게 하고 차가운 물질은 가라앉게 하며, 물질을 서로 섞이게 합니다. 뜨거운 내부의 열을 외부로 내보내 지구를 식히는 역할도 해요. 대륙이 이동하는 이유 역시 맨틀의 대류 때문입니다.

베게너의 대륙이동설

알프레트 베게너
Alfred Wegener, 1880~1930

독일의 과학자인 베게너는 대륙이 이동한다는 대륙이동설을 제기했어요. 그는 한 덩어리였던 거대한 대륙 판게아가 현재 지구의 모습이 되었다고 주장했습니다.

수평으로도 이동하는 대륙

우리가 서 있는 땅이 조금씩 움직인다는 사실을 안 지는 그리 오래되지 않았습니다. 1960년대에 판구조론이 제기되었는데, 판구조론을 이해하려면 지각이 '수직 이동'과 '수평 이동'을 한다는 것을 알아야 해요. 지각이 수직으로 이동한다는 것은 지진이나 화산 활동에 의해서 쉽게 이해할 수 있습니다. 그러나 대륙이 수평 방향으로 이동하는 일은 상상할 수조차 없었어요. 그런데 1910년, 독일 과학자인 베게너가 대륙이 수평으로 이동한다는 대륙이동설을 발표했습니다. 베게너는 약혼녀에게 쓴 편지에서 자기 생각을 처음으로 드러냈어요.

"안녕, 내 사랑. 나는 오늘도 변함없이 사랑을 담아 당신에게 편지를 씁니다. 오늘은 특별히 당신이 지루할 때 할 수 있는 재미있는 놀이를 알려 주려고 해요. 준비물은 커다란 지도 한 장만 있으면 됩니다. 지도를 준비했으면 지도를 잘 접어서 대륙의 경계선들을 맞춰 보세요. 아마 아프리카의 서해안과 남아메리카의 동해안이 꼭 들어맞는다는 사실을 알게 되면 당신도 나처럼 놀라겠지요? 이 두 대륙은 무척 잘 들어맞아요. 마치 처음부터 붙어 있었던 것처럼 말이죠."

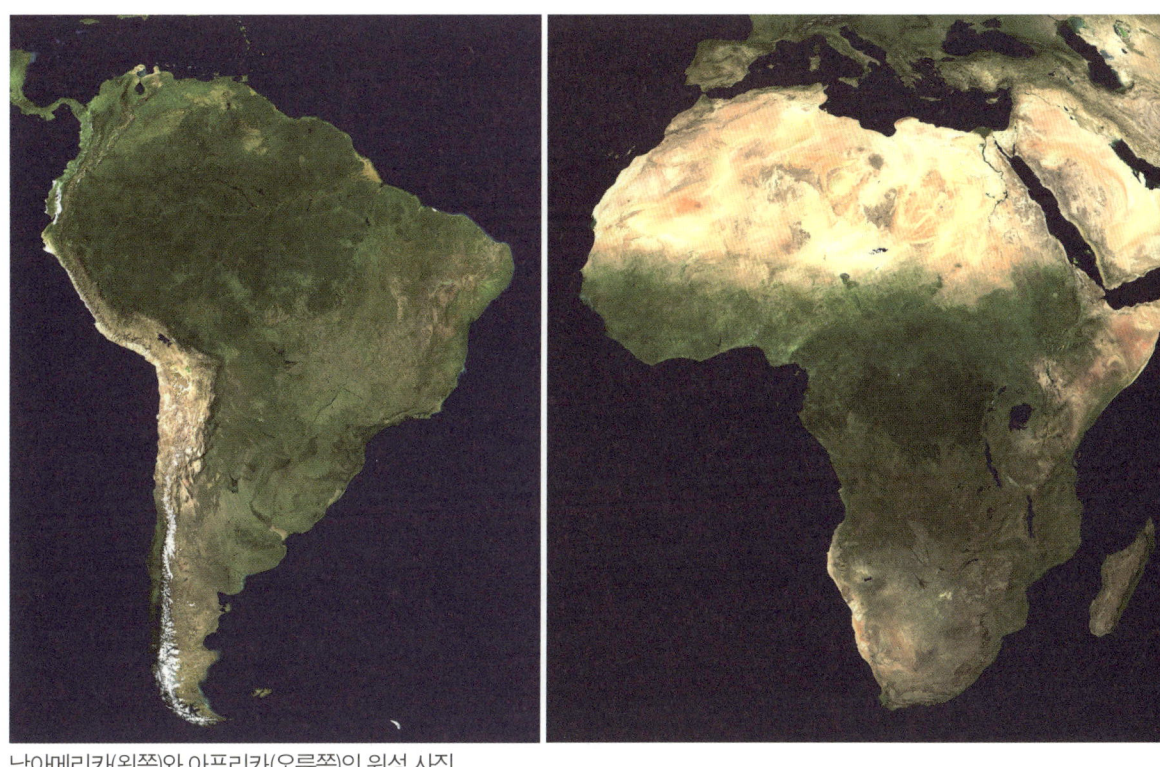

남아메리카(왼쪽)와 아프리카(오른쪽)의 위성 사진.

베게너는 남아메리카와 아프리카를 가져다 붙이면 그 윤곽이 꼭 들어맞는 것을 보고 생각했어요. 과거에는 모든 대륙이 하나(판게아)였는데, 시간이 흐르면서 대륙이 쪼개져 오늘날 위치로 이동했다고 말이지요. 그는 이렇게 대륙들을 맞춰 보는 일이 마치 찢어진 신문을 다시 맞춰서 원래 한 장의 신문으로 만드는 것과 같다고 비유했습니다.

대륙이동설의 증거들

베게너는 자신의 주장을 뒷받침하는 증거로 여러 가지 예를 들었습니다. 그중 하나가 남아메리카의 부에노스아이레스 산맥과 아프리카입니다. 이

둘은 지각을 이루는 암석이나 지층의 성질 등이 같습니다. 다이아몬드 산지나 편마암 대지도 연결되고요. 그 밖에 유럽의 스칸디나비아 반도에서 스코틀랜드에 이르는 산맥은 북아메리카 동부의 애팔래치아 산맥과 연결돼요. 또 인도 반도, 마다가스카르 섬, 아프리카 동부의 편마암 대지 역시 이어집니다. 게다가 남아메리카, 오스트레일리아 대륙의 남부, 인도에서 3억 년 전 빙하의 퇴적물 흔적을 찾아볼 수 있어요. 이들 장소는 모두 대륙이 하나로 이어졌을 때 같은 지역에 있던 곳이랍니다.

그 밖에 베게너가 찾아낸 대륙이동설의 수많은 증거는 오늘날에 보아도 대부분 옳지만, 당시 사람들에게는 받아들여지지 않았습니다. 왜 그랬을

까요? 베게너가 대륙을 이동시키는 원동력이 무엇인지는 설명하지 못했기 때문입니다. 베게너는 《대륙과 해양의 기원》이라는 책에서 맨틀의 대류에 관하여 말했지만, 그것이 대륙이동설의 원동력이라는 사실을 미처 알지 못했습니다.

대륙 사이에 육교가 있다고요?

오늘날 가장 널리 받아들여지는 대륙이동설을 설명하기 위해서 베게너는 수많은 증거를 제시했습니다. 그중 하나가 오래된 지질 시대의 생물을 조사하여, 생물들이 어디에 살았는지 확인하는 것입니다. 글로소프테리스 경우처럼 말이지요.

글로소프테리스는 비교적 키가 큰 나무로, 아프리카, 남아메리카, 오스트레일리아, 남극 대륙과 인도 대륙에서 발견됩니다. 이는 당시에 여러 대륙이 하나로 연결되어 있었다는 증거가 됩니다.

그러나 베게너 이전의 학자들은 이 같은 생물의 분포에 대해 베게너와 다르게 생각했어요. 베게너처럼 대륙이 하나로 연결되었다고 생각하지 않고 대륙과 대륙을 연결하는 육교가 있다고 생각했지요. 육교가 대륙들을 연결해 주어서 생물들이 이동할 수 있다고 생각했습니다. 베게너의 주장대로 각 대륙이 연결되어 있었다고 생각했다면 대륙 사이에 육교가 있으리란 생각은 전혀 들지 않았을 텐데 말이지요.

글로소프테리스의 화석. 여러 대륙에서 발견되는 글로소프테리스는 대륙이동설의 증거가 된다.

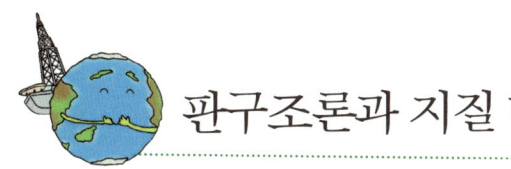
판구조론과 지질 현상

지구의 겉 부분은 여러 개의 판으로 이루어지며, 이 판들이 움직인다는 판구조론은 지구에서 일어나는 여러 지질 현상을 설명할 수 있어요.

판과 판의 경계는 해저산맥, 해구, 변환단층 등 크게 셋으로 나눌 수 있습니다. 이들 경계에서 대부분의 지진과 화산이 생겨요. 태평양 주변의 대륙과 해양의 경계 부근에 있는 환태평양지진대는 세계에서 가장 큰 지진대이며, 규모가 큰 지진의 대부분이 이곳에서 일어납니다. 또 알프스-히말라야지진대에서는 유라시아판과 인도-오스트레일리아판의 충돌에 의해 지진이 일어나요. 바닷속에서 지각이 갈라지는 해저산맥 정상의 열곡을 따라 지진이 발생하기도 합니다.

판구조론에 따르면, 지구의 표면은 10여 개의 중요한 판으로 이루어져 있습니다. 이들 판은 맨틀 대류에 따라 끊임없이 이동하고, 대륙이나 해저도 함께 움직입니다. 중요한 판으로는 태평양판, 인도-오

해구
깊은 바다 밑에 좁고 길게 움푹 패인 지형을 말합니다. 지구에는 25~27개의 해구가 있습니다. 수심은 보통 6,000m 이상이에요.

변환단층
판이 새롭게 만들어지지도 사라지지도 않는 경계를 말합니다. 판이 서로 다른 방향으로 스쳐 지나가는 곳이에요. 변환단층은 판과 판의 경계이므로 지진이 발생합니다.

열곡
단층 운동으로 생긴 두 개의 평행한 절벽으로 둘러싸인 좁고 긴 골짜기를 말합니다. 육지에서 관찰할 수 있어요.

판구조론에 따르면 지구 표면은 크고 작은 판으로 덮여 있다.

스트레일리아판, 아프리카판, 유라시아판, 북아메리카판, 남아메리카판, 남극판이 있습니다. 인도-오스트레일리아판을 구분하여 인도판, 오스트레일리아판으로 나누기도 해요. 중간 크기의 판으로는 코코스판, 카리브판, 아라비아판, 필리핀판, 나스카판 등이 있고, 작은 판으로는 터키판, 이란판, 환드퓨카판 등이 있습니다. 주목할 점은 판의 경계는 대륙의 경계와는 관계가 없다는 것입니다. 예를 들면 가까운 일본의 경우 판이 모이는 곳에 위치하고 있어서 크고 작은 지진과 화산이 많습니다. 반면 한국은 판 경계에서 비교적 멀리 떨어져 있기 때문에 큰 규모의 지진은 거의 발생하지 않습니다.

그 외 대륙 이동에 대한 가설

맨틀대류설

대륙이동설이 지질학계에서 수용되지 못했지만, 모든 학자가 대륙이 수평으로 이동한다는 의견을 포기한 것은 아니었습니다. 1928년, 영국의 지질학자인 홈스는 맨틀의 대류에 따라 대륙이 이동한다는 맨틀대류설을 발표했습니다.

홈스는 맨틀이 대류할 수 있도록 유동성의 고체 상태인 이유는, 방사성 원소들이 붕괴하며 발생하는 열 때문이라고 했습니다. 방사성 원소란 방사능을 가져서 스스로 방사선을 내보내고 붕괴하는 원소를 말합니다.

홈스는 맨틀 물질이 위로 솟아오르고 규모를 넓힘에 따라 지각이 갈라진다고 생각했습니다. 갈라진 지각은 서로 반대 방향의 수평으로 이동하며, 분리된 부분은 물로 채워진다고 보았어요.

또 이동한 지각의 일부는 어떤 지점에서 다시 지구 내부로 가라앉았다가 솟아오르고, 규모가 커지고, 사라지는 순환을 이룬다고 생각했습니다. 하지만 홈스의 맨틀대류설 역시 당시 다른 학자들에게 받아들여지지 않았습니다.

아서 홈스
Arthur Holmes, 1890~1965

영국의 지질학자인 홈스는 방사성 원소의 붕괴열로 지각이 녹는다고 처음으로 주장했습니다. 또한 맨틀대류설을 주장하여 대륙 이동 등에 대해 설명했습니다.

해리 헤스
Harry Hess, 1906~1969

미국의 지질학 교수인 헤스는 홈스의 맨틀대류설에 이어 해저확장설을 주장했습니다. 이 해저확장설은 지구과학의 혁명으로까지 일컬어지는 매우 중요한 이론입니다.

해저확장설

홈스의 맨틀대류설을 확장한 것이 해저확장설입니다. 1960년에 미국 프린스턴 대학교 지질학 교수인 헤스는 1950년대에 발견된 해저산맥이 맨틀 물질이 위로 솟아올라서 생겼다고 주장했습니다. 또한 해저의 지각이 바깥쪽으로 이동하므로 해저산맥에서 멀리 떨어진 해양지각은 가까이에 있는 해양지각보다 먼저 생겼다고 주장했습니다. 맨틀 대류에 의해 해저가 생기고 사라지는 과정을 설명한 것이지요. 이러한 주장은 훗날 해저확장설이라고 불리게 되었습니다. 해저산맥을 향하여 올라온 맨틀의 물질이 그곳에서 좌우로 나뉘어 수평으로 나아가기 때문에, 대륙이 맨틀 대류로 운반되어 이동한다는 것입니다. 이러한 헤스의 이론은 뒷날 여러 지구물리학자의 실험을 통해 지지받았습니다.

플룸구조론

최근 맨틀의 대류 현상을 잘 이해하도록 도와주는 이론이 주목받고 있습니다. 바로 플룸구조론이에요. 이 플룸구조론은 지진파를 3차원으로 해석하고, 지각열류량을 측정한 자료를 분석한 것입니다. 플룸구조론에 의하면 맨틀과 핵의 경계 부분에서는 지표로 향하는 뜨거운 상승류가, 지표면에서는 하부 맨틀로 향하는 차가운 하강류가 발견되었어요. 이때 생기는 열기둥을 플룸이라고 합니다. 지표에서 하부 맨틀로 향하는 차가운 플룸은 해양판

지각열류량

지구 내부의 열이 지구의 밖으로 빠져나가는 양을 말합니다. 오래된 지각에서는 열류량이 낮고, 새로운 지각에서는 열류량이 높습니다.

맨틀 깊은 곳에서 만들어진 플룸이 지표까지 올라와 화산활동이 일어나고 있다.

이 대륙지각 밑으로 들어가면서 시작된답니다.

이러한 플룸구조론은 맨틀 대류만으로는 설명할 수 없는 열점에 대해 쉽게 설명할 수 있습니다. 열점은 맨틀과 핵의 경계 부분에서 만들어진 플룸이 지표까지 솟아올라 화산활동으로 나타난 지점을 말해요. 그 결과 화산섬이 생겨납니다.

열점

맨틀 깊은 곳에서 기둥 모양으로 올라오는 물질의 흐름이 지표에서 화산이나 융기로 나타나는 지점을 말합니다.

어때?
나를 연구할수록
신비하지?

문제 1 판이란 무엇일까요?

문제 2 베게너가 주장한 판게아란 무엇인가요?

는 용암이 솟아나 대로지를 이룹니다. 이처럼 용암이 많이 솟아나는 곳에서도 지진이 높이 판들이 솟아 새로운 대륙을 만들며, 이들 때문에 지진이 일어나기도 합니다.

맨틀 대류로 인해 판들이 움직입니다. 지구에는 여러 개의 판이 아프리카처럼 대륙판의 가장자리 아래로 들어가는 판들이 있는 반면, 해양판이 대륙판과 충돌하여 바닷속으로 들어가는 판들이 있습니다. 이 두 판 중 지각을 이루는 암석의 밀도는 언제나 맞부딪치거나 어긋날 때마다 지진이 일어납니다. 오스트레일리아, 인도에서 3천 만 년 동안 천천히 움직여 온 판이 유라시아판과 부딪혀서 히말라야산맥을 만듭니다. 또한 판은 끊임없이 움직이는 중입니다.

문제 3 맨틀의 대류란 어떤 현상을 말하나요?

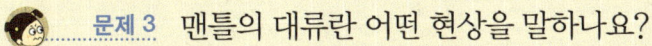

문제 4 베게너가 제시한 대륙이동설의 증거로는 무엇이 있을까요?

정답

1. 옛날에 한 덩어리였던 사용 생성물의 지층 종은 지금 표면이 이에 이어져 있는 것이에요. 주요 암석과 삼엽충 화석이 있으며, 이 같은 지층은 아프리카 대륙과 남아메리카 대륙 모두에서 나타나 있습니다.

2. 대륙들이 모두 하나의 대륙을 이루었다가 합니다. 대륙이동설을 주장한 베게너는 약 8,000만 년 전의 지구에는 모든 대륙이 붙어 있고, 그 외 모든 지역이 물로 이루어져 있었다고 주장하였습니다.

3. 맨틀 윗부분이 가열되면 밀도가 가벼워져서 위로 올라오고, 윗부분 있던 기존의 맨틀은 다시 가라앉기 시작합니다.